やせて一生
キープする

太らないコツ

JUNGLE GYM代表
吉江一彦

自由国民社

はじめに　10キロ減は難しくない！

「40代が近づいてから、肉がつきやすくなってきた」

「前はストンと落ちた体重が、全然落ちなくなってしまった…」

「ダイエットして、ちょっと痩せては元に戻るのを繰り返している…」

「そもそも普通に生活しているだけで…太る」

「食事制限をしても、続かない…」

「運動しても三日坊主…」

「誰にでもできる一生太らないコツを知りたい！」

本書は、そんなあなたのための本です。

仕事で忙しく、毎日残業に追われている。

身体にいいものを食べたほうがいいことはわかっているけれど、料理をする気力がなくて、外食やコンビニ弁当、スーパーのお惣菜ですませてしまうことが多い。

ストレスがたまると、つい食べすぎてしまう。

ジムに通ったり、運動したりするのはものすごく苦手で、身体がなまっている…。

家事や育児、仕事に追われて、自分に気をつかっている暇はない。

心当たりはありませんか？

世間では、男女問わずジムやトレーニングが流行していますが、なかなかできない人たちがいる。それが現実だと思います。実際は、ストイックなダイエットに励むような余裕がある人のほうが、少ないのではないでしょうか。

まだパーソナルトレーニングという概念がない時代から、マンツーマンでのトレーニングを始めて約30年間、わたしのもとには、運動嫌いなダイエット難民の人たちが、数えきれないくらい訪れてきました。

現在わたしが運営している南麻布の**「ジャングルジム」**は、たくさんの人気芸能人や著名な経営者が集う「セレブジム」と呼ばれ、おかげさまでテレビ番組やラジオ、雑誌など、数多くのメディアに取り上げていただいています。

そのため、特別な人たちが特別なトレーニングを受けているエリートジムだと思われることもあります。

でも、じつはわたしがもっとも得意なのは、自力でダイエットできない人を痩せさせることです。

運動が嫌い。ジムも苦手。激しいトレーニングにはアレルギー反応。ストイックな食事制限が続かない…。

30年前からずっと、そんなダイエット難民の人たちばかりを相手にしながら、10キロ以上の減量とサイズダウンに導いてきました。

これまでに指導した人数は、のべ10万人に及びます。

大人気テレビ番組「マツコ会議」では、企画を組んでいただき、106キロのアラフォー女性会社員を、半分の53キロまで減量させることに成功。大きな反響を呼びました。

会社員として多忙な日々を送る彼女に実施したのは、食事指導とマシンを使わない簡単なトレーニングだけでした。

わたしは、「ダイエットができない人のスペシャリスト」と自負しています。

だからこそ、断言します。

ダイエットは、決して難しいことではありません。

ダイエットが成功しない理由はたったひとつ。

やり方を間違えているからです。

痩せるのは、難しいことではありません。

ストイックな運動も、極端な食事法も必要ありません。

本書で紹介するのは、誰でも日常生活でできるコツばかりです。

できることから取り入れていけば、どんな人でも、無理なく自然に体重とサイズが落ちていきます。

「運動は嫌い。食べることが好き。でも痩せたい！」

そんなあなた。

わがままだと思う必要はありません。

本書で、一生太らない身体を手に入れましょう！

２０１９年８月

吉江　一彦

目次

2章　無理なく痩せていく食事のコツ　59

1章　自然に痩せるために知っておきたい身体のこと

ダイエットの8割は食生活で決まる

ダイエットに必要なものはなんだと思いますか？

ジムのトレーナーがいうことではないのかもしれませんが、**ダイエットに取り組むとき、トレーニングの重要性は、じつは100％あるうちのたった20％程度にすぎません。**残り80％は食生活が握っているのです。

つまり、ジムに通わなくても実現できてしまうということですね。

「食べることは生きること」と言いますが、これは本当で、身体によくないものを食べていると、身体はどんどんむしばまれていきます。若いときは免疫力も高いので乗り切ることもできますが、とくに女性の場合、30代に突入すると、食生活の乱れによって免疫力が下がり、筋力も落ちていきます。

すると体内が慢性的に冷えてきて、代謝も落ち、どんどん痩せにくい身体になってしまうのです。

食生活の乱れは、病気のもとになってしまうことも…。

お酒を飲んでポカポカするのとはまた別で、アルコールを飲んで不摂生をしていると、体内が冷えて免疫力が下がり、病気になっていきます。

昭和初期は、日本人の平均体温は高かったのですが、昭和から平成に入ってからは、低下の一途をたどっています。食生活が豊かになるのと反比例して、低体温になっているのです。和食が減って、コンビニ食やファストフードなどが増えたことは大きく関係しているように思います。

食生活が乱れたまま運動に励んでも、まったく効果はありません。

まずは、ダイエット成功の8割を占める食事を変える。

ここからはじめましょう。

太らない身体をつくるには、入れるよりも「出す」

サイズダウンしたいなら、まずは出すことからはじめましょう。

おなかがすいていないときには、無理して食べない。

添加物が入っているものの摂取は抑え気味にする。

水をしっかりとって、老廃物の排出をうながす。

詳しくは後述しますが、**入れることよりも出すことが先**です。

体内の不要なものが出ていって腸内環境が整うと、免疫力もアップし、身体そのものが健康になります。そうすると、体温が高くなり、体重も落ちやすく、太りにくい身体をつくることができるのです。

この「余分なものを出す」というベースがあってはじめて、リバウンドしないダイエットが実現するわけですが、この身体づくりは、ほとんどの場合、食事だけでもかなえられます。

いらないものを出すだけでむくみがとれるので、むくみがとれるだけでサイズダウンする人もいます。むくみのない状態＝プラスマイナスゼロの状態です。この状態をキープすることを心がければ、10年リバウンドしない身体をつくることもできるでしょう。

これから本書でお話ししていくことを実践していただければ、減量はもちろん、肌もキレイになっていきます。

まずは食事を通して「出す」ことに力を入れましょう。

数字ばかりにとらわれるとダイエットは失敗する

「食べなければ体重は落ちる」

という思い込みが、現在でも世界中にあふれています。

でも、体重や体脂肪、カロリーなどの数字ばかりにとらわれていると、

「健康的に痩せる」

という、もっとも大切な部分が抜け落ちてしまいがちです。

日々数字をチェックして、健康に気を使っているボディービルダーが、意外と体調を崩しやすいことはご存じでしょうか。

肉や乳製品、動物性たんぱく質であるプロテインを毎日とり続けていては、腸内環境が悪化していき、風邪も引きやすくなるうえ、免疫力も下がります。がんになるリスクもぐっと高まってしまうのです。

また、極端に体重やサイズを落とそうとするあまり、「炭水化物抜きダイエット」や「バナナダイエット」など、ひとつの食材を抜いたり、逆にひとつのものばかり食べ続けるという方法をとる人もいますが、これもあまりおすすめできません。

何事もやりすぎはよくないからです。

同じエネルギーを過度にとりすぎてばかりいると、バランスが悪くなり、免疫力が下がって、心身ともに健康を害してしまう恐れがあります。

カロリーの数字を気にする人も多いですね。

でも、本当に大切なのは、カロリーよりも、入っている成分のほうです。

コンビニ弁当などを見ると、さまざまな防腐剤や添加物が含まれています。
これは当然、身体にいいものではありません。

カロリーゼロの食品も、一見よさそうに感じられますが、味つけや食感などをよくするために、添加物がたっぷり使われているものが多いので要注意です。
人工甘味料が身体をむしばんでしまうことも…。
カロリーが低いからといって、すべていいものとは限らないのです。

数字にばかりとらわれていると、いつの間にか、もっとも欠いてはいけない「健康」を害してしまうことに…。

デトックス、食生活、そして適度な運動。

これが健康的に痩せるためのベースです。

そして、**何kg痩せたかということにこだわるより、身体のスッキリ感や、見た目の変化を感じることこそが、美しくやせるダイエットの秘訣です。**

健康な身体があってこその美しさなのだということを、ぜひ忘れないでください。

免疫力を上げなければ、健康的に痩せられない

体内から余分なものを「出す」をしていると、おのずと免疫力のアップにもつながります。免疫力とは、身体にとって必要のない、病原菌やウイルスなどを制御する力のこと。健康には不可欠な力といえますね。

でも、**免疫力は放っておくと年齢とともに低下していくので、食生活などを通して意識的に上げていく必要がある**のです。

余分なものを「出し」て、身体にいいものを「入れる」。この繰り返しが、代謝のよい身体づくりにつながります。

代謝がよくなると、免疫力も自然と上がっていきます。これは、健康的に痩せたい人には、ぜひ知っておいてほしい知識です。

免疫力が上がらないダイエット方法に取り組んでも、10kg痩せること、痩せた身体をキープすることは難しいのです。

10年先まで健康的に痩せやすい身体づくりは、この流れで実現できます。

デトックスをする→正しい食生活と適度な運動を取り入れる→腸内環境がよくなる→代謝がよくなり体温も上がる→免疫力がアップする

これが真実なのですが、そのまま伝えてしまうと、さまざまな健康・美容ビジネスが儲からなくなってしまいます。

でも、わたしはあえていいます。

いろいろな情報に迷ったら、本書を読み返してください。

大切なことの基本は、とてもシンプルです。

ですから、いつでもここに戻ってきましょう。

極端なダイエットは身体をボロボロにしてしまう

わたしのところには、極端なダイエットに取り組んで身体がボロボロになってしまった人や、無理に減量したことでリバウンドしてしまった人などがたくさん訪れます。

とくに若い女性の無茶なダイエットは、本当に心配になってしまいます。運動するのが苦手な女性たちがダイエットを決意すると、真っ先に食事量を気にします。ご飯やパンなど炭水化物の量を減らすのはまだいいのですが、極端なダイエットに走っている人は、丸1日ジュースだけ、あるいはチョコレートやケーキなど、スイーツをご飯代わりにしてしまっていることも…。食事をすると太るから、おやつばかり食べてしまう人もいます。

「食べない」「動かない」で体重を落とすのですから、健康的に痩せているとはいえません。これを続けていると、肝心の脂肪は減らず、筋肉が落ちてしまうのです。

筋肉が落ちてしまうと、みるみる代謝の悪い、痩せにくい身体になっていきます。

あるとき、日頃から冷え対策をしている女性で、食事にも気を使っているのに、頻繁に足がつると相談にきた女性がいました。彼女の悩みは、肌がどんどん乾燥していくこと。話をじっくり聞いてみると、油抜きダイエットをしていることが判明しました。油はダイエットの大敵と思っている人は多いのですが、まったくとらなければいいというわけではありません。

極端なダイエットは、身体の中の栄養分を失わせ、筋肉まで落ちていきます。ここから健康体に戻すには、時間がかかってしまうのです。

ダイエットをがんばるのはいいことですが、何ごともバランスが大切です。

質の高い睡眠が痩せやすい身体をつくる

睡眠中に、人はカロリーを消費します。寝ている間に、脂肪分解作用のある成長ホルモンが分泌され、**しっかり眠ると1日数百キロカロリー消費するともいわれています。**

また、寝不足になると、甘いものや炭水化物といった高カロリーのものを消費してしまう傾向があったり、夜遅くまで起きていることで、深夜に間食してしまうことも…。

質の高い睡眠をとることは、健康的に痩せたい人には欠かせません。ところが、腸内環境が悪いと、睡眠にも悪影響を及ぼしてしまいます。

寝つきが悪かったり、睡眠中に目が覚めてしまうという場合は、腸内環境を整えましょうというサイン。なぜなら、睡眠に大きな影響を及ぼす交感神経と副交感神経などの自律神経は、腸内バランスが整うと改善するからです。

ファスティング（断食）をして腸内環境を整えると眠くなる、という人が多いのもこの理由からです。**腸が整うことで、ぐっすり眠れるようになります。**

ちなみに、睡眠時間の目安は、理想は7時間です。6時間以上あるのが望ましく、一般的にはゴールデンタイム（22～2時）には寝ていることが理想といわれていますが、時間帯については、そこまで神経質にならなくてもかまいません。

そもそも腸内環境が悪いと、どの時間に寝てもあまり意味がないからです。時間帯を気にするより、まずは食生活を変えて、腸を整えること。そこからはじめましょう。

腸内細菌を味方につけると痩せやすくなる

腸内環境が、痩せやすい身体づくりに影響することを前述しましたが、腸内環境は、腸の中にある細菌によって、左右されます。

腸内には約100兆個もの細菌が存在しているといわれています。

そのなかで代表的なものに、善玉菌、悪玉菌、日和見菌《ひよりみ》、という3つがあります。

腸にとって理想的な割合は、善玉菌2：悪玉菌1：日和見菌7といわれています。

つまり、もっとも多いのが日和見菌なのですが、この菌は、じつはとても優柔不断です。たとえば、動物性の食物を摂取することで身体が酸性に変わると、日和見菌も悪玉菌の味方をして有害作用を及ぼします。

逆に、善玉菌が増えると、おとなしくしているのです。

善玉菌の割合を増やすには、野菜や果物に含まれる、オリゴ糖や食物繊維が重要になります。腸まで届いたオリゴ糖や食物繊維は、発酵して酸を出します。その酸が、腸内を弱酸性化するのです。

この弱酸性化が、腸内の悪玉菌や病原菌の増加を抑えます。そして、ミネラルの吸収を促進するよい働きが起こります。

悪玉菌は、高タンパク、高脂質のものを過剰に摂取することで増えていきます。

肉などの脂質が高い食材に含まれるアミノ酸や胆汁酸が、腸内で腐敗することで、腸内はアルカリ性化します。腸内では、善玉菌が増えることを抑制する病原菌の増殖を促進してしまいます。便秘のリスクが増加するのは、悪い働きが起こっているためです。

腸内環境を整えるためには、食材選びが大切だということです。

免疫細胞とは、体内に入ってきたウイルスや細菌から身体を守ったり、病気にならないように戦ってくれる強い味方です。

この免疫細胞の約70%が腸に集まっています。つまり、**腸が元気なら免疫細胞も活発に動いてくれる**ということです。

日本人には、腸内環境の悪い人が増加しています。

手軽に食事をとれるような、便利な生活にはなりましたが、朝食にはパン、お昼はコンビニ弁当、夜は揚げ物やお酒といった不摂生なものを食べる生活が続くと、悪玉菌は増える一方です。

まずは朝のパンを、おにぎりやバナナなどの果物に変えたり、ランチのうどんやパスタをご飯に変える。これだけでも変化を感じることができます。

これらに加えて発酵食品を食べていくと、善玉菌が増えて、悪玉菌を抑えられます。

痩せやすい食事について、詳しくは2章でお話ししますので、ぜひ取り入れてみてください。

日和見菌は、腸内のバランスがとれている状態では無害だといわれています。健康的に痩せる身体をつくるためにも、腸内に善玉菌を増やせる食生活を送りたいですね。

とりすぎないほうがいい食材

脂身の多い肉類
ソーセージなどの肉加工品
卵
マーガリン
バター
マヨネーズ
チーズ
パン
牛乳
練り物
（かまぼこ、はんぺんなど）
揚げ物
etc.

↓

高タンパク質、高脂質のものを
過剰摂取すると、悪玉菌が増える

おすすめの食材

ごぼう
しいたけ
レンコン
なめこ
大根
インゲンマメ
ニンジン
大豆
玉ねぎ
あずき
こんにゃく
ハチミツ
きくらげ
etc.

↓

オリゴ糖や食物繊維が腸へ届き、善玉菌が増える

ダイエットだけじゃない！幸福感も腸でつくられる

意外かもしれませんが、人間の幸福感は、腸が握っています。

セロトニンとは、「幸せホルモン」とも呼ばれる神経伝達物質のひとつで、感情や気分のコントロールなど、わたしたちの心に深くかかわっています。

腸はセロトニンの司令塔のようなもの。**腸がいい状態なら、幸せホルモンもたくさん分泌されるのですが、生活習慣や食習慣が悪くて腸が弱ってしまうと、指令が途切れ途切れになり、セロトニンの分泌が落ちてしまう**のです。

これが続いていると、身体はだるくなり、免疫力も低下。結果的には寝つきも悪くなり、病院で薬をもらいにいくのが常習化してしまいます。

これでは、ダイエットどころではありません。

一度このような生活が始まってしまうと、身体も心ももろくなっていきます。
そうすると、上司に叱られたり、身内とケンカしてしまったり…といったちょっとしたきっかけで、体調を崩したり、精神的な病を引き起こしてしまうことも…。

過度なダイエットで、心にも支障をきたしてしまう人もいますが、腸内環境の悪化も影響している可能性があります。

人は、悩みが原因でうつ病になることはありません。
腸が弱って免疫力が下がり、抵抗力がなくなった末にうつ病になってしまうのです。

腸内環境をよくして、幸福感を感じながら太らない身体をつくりましょう。

10カ月で100kg台から50kg台になった女性の話

わたしの提案する方法で、体重が106kgから50kg台になった44歳の女性がいます。このときの様子は、「マツコ会議」という人気テレビ番組でも放送され、おかげさまで大変注目を浴びました。

ちなみに彼女は、炭水化物を抜くことなく、減量に成功しています。63ページ以下で解説しますが、炭水化物抜きダイエットは、続けていくうちに苦しくなってしまうことが多く、リバウンドしやすいのです。

彼女が重点的に行ったのは、腸内環境を整えること。それだけでした。

先ほどからお伝えしているように、腸は、ダイエットだけでなく、人の生命活動を支える重要な司令塔です。脳にも大きな影響を与えているため、腸を整えることは身体だけでなく、心を整えることにもつながります。

さまざまなダイエットを経験し、失敗を繰り返してきたという人は、数えきれないくらいいます。リバウンドを繰り返していると、「わたしは何をやってもダメなんだ」「もう年だし」とグチをこぼしたくもなってくるのではないでしょうか。でも、あきらめないでほしいのです。

先ほどの44歳の女性は、とても働き者でした。日々仕事に追われ、昇格もしました。必死に仕事をした結果、彼氏やファッション、自分のことにかまう余裕を失ってしまったのです。でも半分の体重になったことで、人生が激変。「わたしがこんなふうになるとは思ってもみなかった」と番組でも語っていました。

この1冊の本で、日々健気にがんばっている女性たちに、もっともっと生きる勇気やチャンス、エネルギーを与えられたらいいなと思っています。

あなたも、そのうちのひとりです。

太らない人の体温は36・5℃

36・5℃。

これが理想的な体温です。

あなたの平熱は何度くらいでしょうか？


じつは、わたしたちの体温は、想像しているよりも低いのです。

とくに女性の低体温化は問題です。**昭和30年台は、平均体温が36・5〜37℃で安定していたそうですが、いまや35℃台の女性が増えている**といいます。

「平熱36・5℃」は、努力して目指す値になっているのかもしれません。

体温を上げるには、食生活と運動が不可欠。そのため、食生活が乱れると体温が下がり、肌ツヤも悪くなるのです。逆に肌ツヤがよい人は、往々にして体温が高めです。だからこそ、若々しく健康的に見えるのです。

鏡を見て「あれ？　肌の調子が悪いかな？」と思ったら、化粧品を変えるのではなく、まず食事を見直してみてください。また、筋力不足や過度のストレスも低体温に影響するといわれています。筋力不足なら、下半身を鍛えるジャングルスクワット（168ページ）などの運動や積極的に休息をとるよう心がけましょう。

わたしたちの身体のなかでは、さまざまな栄養素がつくられ、活動しています。

たとえば、「酵素」は、36〜40℃の体温のときに、活発に動くようにできています。酵素は内臓を動かしたり、食べた物を消化するときに活躍する大切な役割を担っています。

体内では、3万を超す種類の酵素があるといわれています。ただ、わたしたちの体内環境を考えると、酵素にとって働きにくい環境になっているといえるでしょう。

酵素の働きが悪いと、わたしたちの「免疫力」が低下してしまいます。

免疫学的には、たったの0・5℃体温が下がるだけで、免疫力は35％もダウンするといわれています。体温が1℃下がると、基礎代謝は12％も低くなります。つまり、基礎代謝が悪くなるということは、自然にまかせて生活すると、体重が1カ月に1～2kg増えていくのです。

ちなみに、風邪のときに処方される抗生物質は、善玉菌まで殺してしまうほど強い薬です。発熱したときはヒートショックプロテインというたんぱく質が放出されて、身体が自ら体温調節をしてくれます。ですから、熱は抑えるより、出してしまったほうがいいのです。

また、低体温は、がんを招く原因にもなってしまいます。がん患者さんの体温は、34℃台になるという話を聞いたこともあります。35℃台でも、がんになるリスクが高いのです。36・5℃以上あれば、がん細胞は動けなくなり、43℃になると死滅するといわれています。

体温を上げたいなら、あれもこれもではなく、食生活の見直しと、適度な運動。この2つの原点に戻りましょう。

逆にいろいろなものを取り入れすぎると、腸内環境が悪化して、体温は上がりにくくなってしまいます。

36・5℃を意識して、健康的に痩せる身体のベースをつくりましょう。

鍛えていても、身体をあたためないと大病になる

女性と男性は対照的です。

女性は「あたためるけれど動かない」人が多く、男性は、「動くけれどあたためない」人が多いのです。

男性の場合、筋トレを一生懸命行っても、身体をあたためなかったり、体温について無頓着な人がほとんどです。

わたしには、よきライバルであり、よき親友の男性がいます。

彼は、よく食べ、よく鍛え、よく笑い、ボディービルの大会では、いつもわたしと順位を競っていました。

彼は、かなり鍛えていたので、基礎代謝も高く、汗もよくかき、トレーニングのあとには、冷たいシャワーを浴びて、豪快にプロテインを飲むというのがお決まりのパターン。酒豪だったため、お酒も豪快に飲み、お酒のつまみには、大好物のお寿司やお刺身。野菜や果物は、ビタミン摂取のためといって、もりもり食べていました。「俺の好物は、筋肉にいいものばかりだ」と言って、豪快に笑っていたくらいです。

筋骨隆々の肉体は、誰が見ても健康そのもの。もちろん当の本人も、「自分は鍛えているから」という自負がありました。自分が病気になるなんて、思ったこともなかったと思います。

ところが、そんな彼が、ある日突然胃がんを宣告されます。

いくら身体を鍛えていても、がんという病魔に侵されてしまうという矛盾。

わたしも大きなショックを受けました。

よく考えると、身体を冷やしすぎたため、メラトニンとセロトニンが低下し、ストレスに弱い体内環境になっていたことが原因かもしれません。

わたしがもっと早くあたためながら筋肉トレーニングをする方法を生み出していればと、いまでも悔しい思いがあります。

「あたためる」ことと「筋肉を鍛える」ことのふたつが結びついてこそ、真の健康と元気が手に入るということを学んだ、わたしにとって忘れられない出来事です。

太りやすいタイミングを知っておく

女性の場合、毎月の月経や出産など、ホルモンバランスの変化にさらされることが多く、その影響で痩せやすい周期・太りやすい周期が生まれます。自分の身体のことを知ることでダイエットも続けやすくなり、健康にもつながるのです。

生理中は太りやすい

月経のときには、身体に水分をため込みやすくなります。そのため、体重も増加する人がほとんど。多い人は月経時期には2kgほど増えたりします。ですから、この時期にはあまり体重の増減に一喜一憂しないことです。
ダイエット期間中は、月経時は太りやすいものだと思って過ごすことも大切です。

産後太りには、焦らず徐々に食事を変える

産後太りは、多くの女性が悩まされることのひとつです。**出産という大仕事からのプレッシャーから解放されるということもあり、どうしても食べてしまう人が多い**のです。ストレスやプレッシャー、疲労でいっぱいになると、脳は過去のよい記憶を呼び起こそうとします。

とくに食べ物に対してはその傾向が顕著。ハンバーガーやポテトなどのジャンクフード、チョコレートやケーキなど…とくに中毒性のあるものは脳の記憶にも強く残っています。産後に甘いものや、あまり身体によくないものを「ド

カ食い」してしまうことがあるのは、そのせいです。

とはいえ、産後に突然ストイックな食生活に切り替えて減量するのは簡単ではありません。

がんばった自分をねぎらって、無理をせず、徐々に食べる内容を変えていけばいいでしょう。

そして食生活が整ってきたら、運動を取り入れていく。

こうして少しずつ変えていけば、スリムな体型が戻ってきますよ。

「痩せているか」より、ボディラインを意識する

わたしは、身体で何よりも大切なものは、ボディラインだと思っています。

痩せている人がみんな美しいとは限りません。

ガリガリになっていては、魅力は半減します。重要なのは身体全体のバランスが整っているかどうか。**ボディラインがキレイであることが、美しさを定義づけているのです。**

たとえ太っていても、ラインがキレイならセクシーに見えます。

また、部分的にいくら手入れをしても、全体のバランスがとれていなければ、美しく見えません。美しく見せるにはバランスが重要なのです。

バランスがとれているかどうかを正しく評価してくれるのは、異性の目です。男性も女性も異性の目線で身体をつくりあげていくと、理想的な身体になっていきます。

自分のイメージや感覚だけでダイエットをしないように、客観的に自分を異性の目で見てみましょう。

わたしは、異性が求めているイメージをシンプル化して、トレーニングに導入しています。バランスのとれた美しさは、異性だけではなく同性からも評価され、受け入れられます。

そして、人から受け入れられることで自信がつき、ビジネスだけでなくプライベートでの自信にもつながっていくのです。

痩せていてもふくよかでセクシーに見せる方法があります。

太っていても痩せていても、女性の場合はお尻と姿勢がポイント。

とくにお尻は、本書で紹介する簡単な動きをすることで、美しいラインをつくれるようになります。

男性の場合は、おなかが多少出ていても腕と胸を鍛えれば、バランスがよく、かっこいい身体になるでしょう。腕と胸がたくましいことで、色っぽく包容力があるように見えます。

痩せることばかりにとらわれず、ボディラインを意識しましょう。

筋肉量が少ないと老けて見える

筋肉量が低下すると、疲れやすくなるうえ、見た目も弱々しくなり、実年齢より老けて見えます。

また、**筋肉が衰えると、基礎代謝が落ちるため、カロリーを摂取しても、消費が少ししかできなくなってしまう**のです。つまり、食べる量を減らしても、そのエネルギー分を消費できない身体になり、蓄積されてしまうということ。

自己流の「食べない」「動かない」ダイエットでは、リバウンドしやすい身体を自分でつくりあげているようなものです。

筋力が低下すると、ボディラインにも大きな影響を与えます。

細い身体では重たい頭を支えられなくなり、頭が前に出て猫背になります。すると、重心が前にきてしまうので、腰が曲がり、膝も前に出て、バランスをとろうとします。でも、そんな状態では動くことも億劫になるので、筋力はますます低下してしまうのです。

そうすると、ますます腰は曲がり、頭が前に出て、お尻が下がり、O脚になります。さらに膝が前に出て、おばあさんのできあがりです。

もともと日本人は、お尻の筋肉が少ないため、薄っぺらいおしりの人が多いのです。しかも、それは筋力低下とともに、さらに落ちてしまいます。それでは、ボディラインがキレイに見えるはずがありませんね。

いくら若くても老けて見えてしまうのは、筋肉のせいということもあるのです。

体重は毎朝同じ時間に参考程度に計る

「ダイエットをするからには体重を落としたい」というのは誰もが思うところ。

もちろんチェックするのは大切なことですが、最初は体重よりも、体調の変化を感じることを意識しましょう。

なぜなら、**ダイエットを開始してから2週間程度は、食生活を変えても体重自体がそこまで落ちることはない**からです（個人差はあります）。

そこで体重ばかりを気にして「こんなにがんばっているのに…」とダイエットをやめてしまう人がたくさんいるのです。

でも、安心してください。
サイズや体重にあまり変動がない間も、身体は確実に変化しています。
まずは体質が変わるほうが先決です。
せっかく体質が変わっているのにそこでやめてしまってはもったいない！
数字に振り回されずに、正しい方法をコツコツと継続してみてください。

食生活を変えてから、2週間くらいたってから、体重計に乗るようにしてみましょう。

体重をはかるときのポイントは、毎朝同じ時間にはかるということ。
食べた直後や汗をかいたあとには、体重が増えたり減ったりします。

一番おすすめなのは、夕食の消化を終えた起床のタイミングです。起床時の体重を目安にして、計測するといいでしょう。

体調や体質の変化は数字では見えないところですが、確実に変化が起きています。数字に一喜一憂しすぎず、日々の食生活と運動メニューを淡々とこなしていきましょう。

2章　無理なく痩せていく食事のコツ

身体の不調は「食事を変えなさい」というサイン

ダイエットの話を中心にしていますが、肌荒れ、アトピー、花粉症、うつ病……これらもすべて、食生活が一因といえるアレルギー反応です。

ここ100年の間に日本にはじつにさまざまな食文化が入ってきましたが、そのせいで、身体が余分なものを出しきれずに不具合を起こしているのです。そして結果的に、アレルギーやその他さまざまな病気としてあらわれてしまっています。

こういった知識を持っている人が少ないため、親は子どもに小さいころから酸化した油たっぷりのジャンクフードを与えます。

子どもは免疫力が高い分、身体が反応して、アトピーやアレルギーなどの形で毒素を出そう出そうとします。

正しい食事を与えるならいいのですが、「子どもは食べなければならない」と決めつけて、本当は身体によくないものでも食べさせてしまう…。

このことは、大人にもあてはまることです。

肌荒れやアトピーが出てしまっているということは、身体に合わないものを摂取しているというサイン。

心あたりがある場合は、いつも食べているものを食べないようにしてみましょう。

とくにスナック菓子やスーパーや居酒屋での揚げ物など、酸化した油を使ったものやお菓子、日頃とっている食事の内容を見直してみるのがおすすめです。

こうした身体の不調は、まず「出す」ことで好転していくことがほとんどです。

ダイエット以前に、まずは身体の不調をとりのぞくデトックスを心がけましょう。

本章では、デトックスが進んでどんどん痩せやすい身体になるための食事のコツを紹介していきます。

炭水化物は抜かない

短期間でダイエットをするとき、炭水化物を抜くという方法が流行していますが、これはとても危険です。

炭水化物の主成分である糖質は、脳や身体のエネルギー源で、生命を維持するために欠かせない存在です。極端に抜いてしまうと、集中力が低下したり、疲れやすくなってしまいます。

さらにいえば、炭水化物をとった瞬間からリバウンドまっしぐらになってしまうので、一度減量しても、痩せた身体をキープすることができません。

とくに、最近の炭水化物抜きダイエットでは、痩せるために炭水化物を極端に抜いて、その代わりにプロテイン、動物性タンパク質をとるためにお肉を食べることを推奨しています。血液は通常、弱アルカリ性ですが、極度に炭水化物を抜いて動物性のものを入れると、血液が酸性に変わってしまいます。**血液が酸性に変わると、腸内の悪玉菌がみるみる増殖。その流れが進むと大腸がんを招いてしまう**のです。

ダイエットとの因果関係は明らかではありませんが、いま女性がもっとも罹患しているがんが大腸がんです。以前は大腸がんは男性に多い病だったのですが、女性のほうでも1位になってしまいました。

男女問わず、いかに腸内環境のよくない食習慣、生活習慣を送っているかがうかがえます。

ぜひ、炭水化物を摂取しながらサイズダウンする習慣を身につけましょう。

炭水化物は小麦よりお米をとる

炭水化物はカットしないことをおすすめしていますが、炭水化物の種類にも、いいものとそうでないものがあります。

おすすめなのは、お米です。とくに玄米・五穀米は、腸内をきれいにしてくれます。

一方、小麦がメインのパンやパスタ、ラーメンなどはなるべく避けておきたいところです。小麦に含まれるグルテンには中毒性があるうえ、身体の中に残りやすく、蓄積されると不調や肥満の原因になることも…。

じゃがいもやさつまいもなども、炭水化物なので食べてもよい食材です。

ただ、フライドポテトやポテトチップス、たっぷりのバターをのせてしまっては意味がありません。バターは動物性のものですし、酸化した油は健康の大敵です。

もし食べるときは、できるだけ蒸したり、スープに入れたりして食べましょう。

「そうはいっても、お米も食べすぎたら太るでしょう?」と思うかもしれませんね。

たしかにとりすぎには気をつける必要はありますが、気にするといいのは摂取するタイミングです。

ランチタイムなら、おなかいっぱいまで食べても太ることはありません。

男性の場合なら、どんぶり一杯でもいいくらいです。

そのかわり、夕食時には量を減らして控えめにします。

寝る前に炭水化物を摂取するのは消化によくないので、できるだけ避けましょう。

朝食は軽い果物。ランチタイムはご飯を中心とした和食。夜は味噌汁や鍋物、スープ、発酵食品中心。この食バランスが、体内を整え、痩せやすい身体をつくってくれます。

お米をカットしない食習慣で、リバウンドしない健康体をつくりましょう。

水は1日1・5～2リットルをとる

健康的な食生活には、水分摂取が欠かせません。

水は1日1・5～2リットルを、しっかりとってください。運動をしていない人は代謝が悪く、血液がドロッと濃くなりがちです。こうなると、体内のさまざまなもののめぐりも滞ってしまい、痩せにくい身体になってしまいます。たくさん水分をとって、体内のめぐりをよくすること。そして腸内環境にいい食事をしていくだけで、ゆっくりと体重は落ちていきます。

とくに、朝起きてすぐにコップ1杯の常温のお水をとることはおすすめです。寝ている間に汗として出ていった水分が補給できますし、腸の動きを活性化することで、お通じがよくなるという効果もあります。

便秘で悩んでいる人が、朝1杯のお水を摂取することで、便秘薬から卒業できたり、むくみがとれて5kg近くダイエットできたというケースも、数多くあります。

また、食事の前に水を飲むようにすると、食べすぎを防いで食事の満足感を得やすくなります。

水分にはジュースやお茶をはじめ、いろいろとありますが、基本的には水が一番です。

水の種類にはとくにこだわらなくてもよいのですが、気になる人には温泉水をおすすめします。温泉水には、美肌づくりに定評があるほか、ダイエットの味方になるミネラルも豊富に含まれています。高血圧や便秘の改善や免疫力アップ、整腸作用もあるので、健康的に痩せたい人にはぴったりです。

「水分をとりすぎるとむくんでしまう」という説もありますが、これは、身体を全然動かしていないときに起こります。水分を体外に出すチャンスがないために、むくんでしまうのです。

168ページ以降で紹介するジャングルウォーキングやジャングルスクワットのような軽い運動をして、血流をよくしていくと、むくみの防止になりますよ。

1日何回食べるかは自分の心地よさで決めていい

朝・昼・晩、1日3食とることが推奨されていることも多いのですが、かならず3食食べる必要はありません。食物を絶えず摂取していると、消化するために胃が疲れてしまいますし、それでは代謝が間に合わないという人もいます。

人によって個人差があるということですね。

それよりも**意識したいのは、あなた自身のコンディションやリズム、そして食べる内容**です。

まず、あなた自身の食事の習慣をイメージしてください。

朝食べないと昼まで持たないのか、逆に寝起きに食べすぎるとだるい感じになってしまうのか。身体の感覚を観察してみてほしいのです。

朝食を食べるのが日課になっているのなら、食事の内容に気をつけてしっかりとる。朝はどうしても食べられないという人は、無理に食べない。

そんな自分の体内リズムに沿った食事の仕方でいいのです。

本当は必要なのに、「ダイエットしたいから」と、食事の数を減らしてエネルギー不足に陥ってしまっては意味がありません。

まずはあなた自身が元気に動ける食事のリズム・回数を感じてみましょう。

疲れにくく、健康的に痩せる身体になっていきますよ。

迷ったら、日本人の身体に合う和食を選ぶ

健康的に痩せるには、じつは食事の回数よりも食事の「内容」を変えることが不可欠です。日本人に合う食事をとるようにしてほしいのです。

日本は食事がおいしい豊かな国です。その分、ファーストフードやイタリアン、フレンチ、洋食、中華など、世界各国の料理を楽しめる食環境がありますが、こうした欧米化された食生活になったのはここ数十年のこと。まだ100年もたっていないのです。日本人の食生活は短期間で大きく変化しましたが、じつは、身体はそれに適応しきれていません。

日本人と欧米人ではＤＮＡレベルから身体のつくりが違っており、欧米人が

消化できるものでも、日本人にはうまく消化できないものもあるのです。このことを知っておくだけでも、ぐっと健康体に近づきます。

海外の人々は長い歴史のなかで、脂質や糖分が多い食事に抵抗できる力を身につけてはいるのですが、許容量を超えれば病気になってしまいます。摂取量の幅は民族によって異なるものの、脂質や糖分を多くとりすぎないほうがいいというのは、人間に共通しているところです。

健康や美容という観点で考えると、日本人に一番合っているのは、昔から食べていた和食です。ベースはご飯にお味噌汁、おかずは魚や煮物、梅干しやぬか漬けなどの発酵食品という、昔ながらの和定食がおすすめです。何を食べるのか迷ったとき、和定食を選べば間違いありません。

いまでは海外でも和食の健康効果が注目されています。日本食はバランスがよく、人間の身体に合った食事で構成されているということです。

食事はまず野菜から食べる

あなたは、食事をするときに何から食べていますか？

じつは、食べ物の栄養を効果的に摂取するための食べる順番があります。

わたしは野菜中心の食生活「ベジファースト」をおすすめしています。


「ベジファースト」とは、最初に野菜を食べることです。

野菜を先に食べることで、悪玉菌の活動を活発にする動物性タンパク質や、脂肪になりやすい炭水化物のとりすぎも防げます。

また、血糖値の急激な上昇、脂肪の吸収を抑える働きもしてくれるのです。

じつは、肉類と野菜類は、消化・吸収される時間が違います。

動物性タンパク質（肉類など）は、消化・吸収されるまでに5時間はかかると言われています。

一方、野菜が消化・吸収されるのは約1時間です。消化器官は、先に入ってきた食べ物から消化・吸収を始めます。そのため、**5時間も消化・吸収にかかる肉類を先に食べると、野菜は後回しにされ、待ちぼうけをくらう**のです。

その間にも、野菜は体内でどんどん腐敗し、結果的に腸内環境が悪くなってしまいます。

食事は野菜から食べましょう。

腸内環境がよくなり、痩せやすい身体になります。

酵素をとるなら生野菜よりも蒸し野菜から

野菜は酵素の宝庫です。

酵素は、身体の消化・吸収を助けたり、酸素や血液の循環を促したり、排泄を助けたりしてくれる、わたしたち人間の生命活動に欠かせないものです。

野菜にはこの酵素が多く含まれているので、身体にいいことは間違いありません。

ただ、野菜の食べ方によって、酵素の摂取のしやすさが変わってきます。

サラダが身体にいいと言われていますが、**生野菜は消化に時間がかかるため、比較的身体に負担がかかります。**おすすめなのは、**蒸して食べること**です。

蒸し野菜にすると、消化の負担も軽くなりますし、量をたくさん食べることもできますし、酵素も残るので一石三鳥です。

ちなみに、**野菜の酵素は、焼いたりして過度に熱がつたわると死んでしまうので注意**しましょう。

調味料には、身体にいいとされる岩塩やアマニオイル、オメガ3オイルなどがいいでしょう。

梅干しをつぶしてサラダにのせるのもいいですね。

脂質が多く含まれるマヨネーズやドレッシングは、なるべくなら避けましょう。野菜を多くとっていても、ドレッシングで太ってしまうというケースが、じつはよくあります。

蒸し野菜を自然の調味料で食べるクセをつけること。

これで、腸内デトックスが進みます。

身体をあたためるものを食べる

ダイエット食品の定番でもある、海藻やこんにゃく、豆腐などは、カロリーがほとんどないため、ダイエットには最適と言われています。

でも、「身体を冷やすかあたためるか」という視点で食品を見ていくと、**ダイエットによいと思われている食品の多くが、じつは身体を冷やすもの**なのです。

わたし自身が、トレーナーとして「あたためる」ということを意識しはじめるようになってからというもの、逆に世の中には身体を冷やすものがいかに多いかということに気づきました。

従来のダイエット指導では、良質のタンパク質、ビタミンは積極的にとり、炭水化物や糖質はなるべく控えめにするというのが定説でした。

そうすると、体重は落ちますし、良質なたんぱく質やビタミンを摂取していれば、筋力が落ちることもなく健康的に痩せていくこともできます。

でも、身体を冷やすという視点で見ると、話は少し変わってきます。

身体を冷やす食品のほうが、調理が簡単です。

たとえば、豆腐は、湯豆腐やお味噌汁に入れるより、冷ややっこで食べたほうが調理は簡単です。野菜もスープをつくるより、生野菜のサラダのほうがラクにできます。魚も煮たり焼いたりするより、お刺身で食べたほうがすぐに食べられます。

でも、なるべくなら、**あたためたものや、あたたかいものを食べたほうが、**

冷えを防いで痩せやすい身体づくりの助けになってくれます。

食事やトレーニングで健康的に痩せられるのは間違っていませんが、それに加えて、あたたかいものを食べて体温を上げるということも、しっかり意識していきたいですね。

身体をあたためる食べ物・冷やす食べ物

食べ物には「身体をあたためる」ものと、「身体を冷やす」ものがあります。
身体をあたためるものを「陽性」。冷やすものを「陰性」。その中間にあるものを「中庸」と呼んでいます。

これは、「五行陰陽」という古代の中国から伝わった易学がベースになっています。この宇宙に存在するものにはすべてに、「陰」「陽」の性質があり、すべてはこの陰陽のバランスが大切であると考えられています。

たとえば、日本でも広がっている「マクロビオティック」も、この食の陰陽を大切にするという考え方のひとつです。西洋の栄養学とは違い、食を陰陽という視点で見ているところに、東洋の神秘を感じませんか？

太陽は陽、月は陰。天は陽で、地は陰。右は陽で、左は陰。男性は陽、女性は陰――。

陰陽は、どちらがいい、悪いを判断するものではなく、そもそもの性質として、持っているものであり、何よりバランスが取れていることが重要です。

たとえば、陰性の強い人が身体を冷やす陰性の食品ばかりを食べると、身体はもっと冷えてしまいます。一方、陽性の人が陽性のものばかり食べていては、アンバランスです。

極端に気にしすぎる必要はありませんが、「食べ物には身体をあたためるものと冷やすものがある」と覚えておきましょう。

次ページの表で、おおまかに食品の陰陽を分けてみましたので、ぜひ参考にしてみてください。

［陽性］
身体をあたためる食べ物

北方産のもの
堅いもの
赤、黒、橙、
黄色のもの
塩、味噌、
醤油、明太子
根菜（ゴボウ、人参、
レンコン、生姜、山芋）
黒っぽいもの（紅茶、
海藻、小豆、黒豆）
日本酒、ワイン※、
梅酒、お湯割りの
ウイスキー

**※赤ワインのほうが
白よりやや陽性**

[中庸]
陰と陽の中間の食べ物

黄色のもの
玄米、玄麦、黒パン、トウモロコシ、芋、大豆
北方の果物
（リンゴ、ぶどう、サクランボ、プルーン）

[陰性]
身体を冷やす食べ物

南方産、やわらかい、水っぽい
青、白、緑色のもの
水、酢、牛乳、ビール、ウイスキー、コーラ、ジュース、
南方産の果物、野菜（バナナ、パイナップル、みかん、
レモン、メロン、トマト、キュウリ、スイカ）
南方産の香辛料、飲料（カレー、コーヒー、緑茶）
白いもの（白砂糖、白パン、化学調味料、化学薬品）
葉菜類

参考：『「空腹」療法 一日一回おなかを空かせば病気が治る』
（石原結實著・KKロングセラーズ）

表には記載していませんが、女性が大好きなケーキやチョコレート、スナック菓子といった「スイーツ」は、ほとんどが陰性の食品です。

これにジュースやサイダーなどの陰性の飲み物を摂取すると、さらに体内が冷えてしまいます。

お菓子を食事がわりにしている女性は、食の陰陽でいうと、自分の身体を冷やしていることがわかりますね。

日頃から、あなた自身が陰・陽・中庸のどの食物をとっているか、チェックしてみてください。

「お菓子ばかり食べているな」と思ったら、まずは量と回数を減らすところからはじめましょう。

ただ、「あれもダメ、これもダメ」とあまりに食事の自由度をなくしてしまうと、ストレスがたまって、身体にも心にもよくありません。

食べ物には、「身体をあたためるもの」と「身体を冷やす」ものがあることを知っておくだけでも、健康的に痩せる身体づくりの第一歩になります。

できるだけ陽性のものや中庸のものを中心にとることを心がけながら食事を楽しみましょう。

身体をあたためながら、痩せ体質に生まれ変わることができますよ。

肉は週2日程度を意識する

お肉を食べる頻度は、週に2回程度にとどめるのがベストです。卵も動物性のものなので、とりすぎはよくありません。

もし、これまで肉と魚を週に4回以上食べていたとしたら、回数を減らし、1週間の食事のなかでの割合を調整していきましょう。

かわりに増やしていきたいのが、植物性たんぱく質と発酵食品です。とくに、大豆のたんぱく質を意識してとってください。豆腐や納豆などがその代表格です。大豆には善玉菌のエサとなるオリゴ糖も含まれているので、善玉菌をどんどん増やしてくれます。

また、**発酵食品のなかでは味噌がおすすめ**です。こちらも腸内環境を整えてくれる優れもの。ほかにも、ぬか漬け、納豆などの植物性のものはおすすめですが、ヨーグルトやチーズなどの動物性のものはできるだけ避けたほうがよいでしょう。

わたしは**「ジャングル味噌汁」**と呼んでいる具だくさんスープ（115ページ参照）を積極的に食べるようにしています。

味噌をベースにした豚汁のような感じで、根菜を入れたり、豆腐を入れたり、キムチを入れたり…野菜中心の具材を選んで楽しんでいます。

おすすめ食材は、きのこや、わかめなどの海藻類。食物繊維が多く、低カロリーなので、たくさん食べてもヘルシーです。

料理の具材を選ぶときにも、昔ながらの日本の食生活をイメージすると間違いありません。

日本人は、江戸時代以前の何百年も前から、根菜類を中心とした野菜やきのこを食べて生きてきました。

いかに日本人の身体に合っているかがわかりますね。

日本人に長年慣れ親しんだ食材を、意識的にとっていきましょう。

植物性たんぱく質を含む食材

枝豆、黒豆、
そら豆、
レンズ豆、
ひよこ豆
などの豆類

豆腐、納豆

アーモンド、
カシューナッツ

ホウレンソウ
アボカド

おやつはタイミングと内容を選べばＯＫ

ちょっと小腹がすいたときは、ナッツやカカオ分の多いチョコレートがおすすめです。

逆に、おせんべいなどの塩分が多いもの、スナック菓子や揚げせんべい、ドーナツなどの酸化した油を含んでいるもの、洋菓子やケーキなどの動物性脂肪や白砂糖を使ったものはできるだけ避けましょう。

時々、食事のかわりにおやつで済ませてしまう人がいますが、これはＮＧ。いつも夕方になる前後におなかがすいてしまうという場合は、そもそも食事の量が足りていない可能性も…。

ランチタイムにしっかり食べるようにしましょう。

食べる時間帯も重要です。

おやつはなるべく夜を避けて、日中にとる習慣にしたいものです。

とはいっても、すべて禁止して徹底しすぎると苦しくなってしまいます。

日頃からおやつをたくさん食べている人は、週に1回程度、自由に食べてもいい日を設けてもいいかもしれませんね。

ＯＫおやつ

ナッツ、くるみ、アーモンド、ひまわりの種
（マカデミアナッツは脂質が高いので、
少量ならＯＫ）
カカオ７０％以上のチョコレート
おしゃぶり昆布
（塩分が強いので、
水で塩分を落としてから
食べるのがベター）
梅干し、干し梅

ＮＧおやつ

スナック菓子などの
酸化した油が使われているもの
ドーナツやケーキなどの
白砂糖を多く使ったもの
塩分たっぷりのおせんべい

宴席では焼酎、ウイスキー、ワインなどを選ぶ

付き合いなどで、どうしてもお酒を飲む機会もあるでしょう。

そんなときには、**焼酎、ウイスキーなどの蒸留酒やワインを中心に選びましょう。逆に、ビール、日本酒、シャンパンは太りやすいので避けたいところで**す。ビールはプリン体が含まれているので尿酸値も上がってしまいます。

日本酒は、たしなむ程度ならいいのですが、飲み過ぎてしまうと身体に負担がかかります。日本酒の目安は、乾杯のグラス1杯分です。2杯目からは、ほかの蒸留酒などに変えましょう。

ワインについて、少し解説を加えます。ワインは、古代ヨーロッパでは、「百薬の長」と言われるほど親しまれてきました。あの独特な香り、色、味わいは、脳と身体をリラックスさせてくれます。一口飲むたびに時間がゆっくりと流れる感覚を覚える人もいるように、「アンダンテ（歩くようなペース）」にスローダウンする効果があるそうです。

また、赤ワインのポリフェノールが動脈硬化や心疾患に効果があり、白ワインの抗菌作用は、骨粗鬆症や大腸がんの予防に効果的だという話もあるようですが、それよりも、「おいしい！　色が美しい！」という沸き立つような感情が、脳細胞を刺激してくれるようです。

基本的には、毎日飲んでもＯＫ。１日にグラス２杯程度を目安に飲めるといいでしょう。

アルコールのとりすぎがよくないのは、身体を冷やしてしまうからです。

飲んだ翌朝は体温が低くなることもわかっています。

ですから、**お酒を飲んだ翌日には、朝の入浴をするのがおすすめ**です。半身浴する時間がないなら、41℃ほどの湯船に、1~2分でもいいので肩までつかりましょう。体温が上がるので、身体がラクになります。

また、カフェインは身体を冷やすので、朝のコーヒーも控え、あたたかいノンカフェインの生姜紅茶やハーブティーなどに切り替えるといいですよ。

暴飲暴食しそうなら、野菜や味噌汁をワンクッション

「お酒を毎日飲みたい！」

「たくさん食べたくて仕方がない！」

という人がいます。

これは、ストレスや疲れがたまっているサインかもしれません。

実際のところ、お酒はストレスを解消してくれるわけではありませんし、本当に身体が欲しているケースは、ごくわずかにすぎません。

脳が、ストレスがたまったときにお酒を飲んで気持ちよくなったという過去の体験を覚えているため、おいしいものやお酒などをおなかいっぱい食べるこ

とで解消しようという信号を出すのです。

この間違った信号に気づくには、

「いまはおなかがすいていないな。ストレスで信号を出しているだけだな」

と気づくことです。

「あ〜！　おなかがすいた！　あ。これはストレス信号だな」

心の中でいいので、このフレーズを問いかけるだけで、不要な間食は避けることができるようになります。

最初に炭水化物や肉を口に入れてしまうと、脳は「しめしめ。だまされたな」とどんどんヒートアップして、暴飲暴食が加速してしまうので要注意。

もし本当におなかが空いてしまったときには、野菜を食べるか、味噌汁を1杯飲むようにしましょう。このワンクッションを置くだけで、脳も胃も落ち着いてきて、かなりの満足感が味わえるはずです。

外食が続いたら、3日間動物性たんぱく質を抜く

「仕事の接待や付き合いで、どうしても外食が避けられない…」

「外食が連日続いてしまっている…」

そんなときには、その後の3日間、お肉やお魚、ヨーグルトや牛乳など動物性のたんぱく質を抜いてみてください。

動物性のたんぱく質は消化に時間がかかる分、身体に負担がかかるので、腸内環境も悪化してしまうからです。

外食や食べすぎが続いたときだけでなく、身体が重かったり、胃もたれしてしまっているときにも、動物性たんぱく質を抜くのはおすすめです。

3日間とらないようにすると、消化しやすい身体に戻っていきます。

動物性たんぱく質を植物性のものに置き換える食事には、豆腐や納豆、野菜を中心とした和食がいいですね。

とくに、大豆たんぱく質は毎食とるよう意識してみてください。

たびたびお伝えしていますが、なかでも味噌汁は、身体もあたたまって腸にもいいので一番のおすすめです。

急に断食をして戻すことよりも、食事の内容を変えたほうが効果的です。まずは腸内環境を整えて、いい状態に戻すこと。これができれば、また痩せやすい身体に戻っていきます。

食べすぎ、飲みすぎたら、次の食事まで15時間あける

外食が続いたら、動物性たんぱく質を3日間抜くといいという話をしました。

もうひとつ心がけたいのは、食べすぎたり、飲みすぎたりしたときには、次の食事まで15時間あけるということです。

15時間あけることで、胃腸が空になり、機能も復活していきます。

この時間の間は、水分補給も水やお茶といったカロリーのない飲み物だけにします。

そして15時間以上あけたら、最初の食事は「ベジファースト」で、野菜から食べるようにするのです。

1回の食べすぎ、飲みすぎであれば、この方法ですぐに身体はいい状態に戻

ります。

「とにかく食べないと…」と、通常どおりの食事を朝からとると、消化が終わらなかったり、胃腸が疲れてしまっているうちに、また食物を摂取することになります。

これが、身体には大きな負担になってしまうのです。

食べすぎてしまうこと、飲みすぎてしまうことは誰にでもあるはずです。

もしそうなっても、翌日の食事のとり方次第で挽回できますから、楽しみながら食事を改善していきましょう。

カフェイン好きな人は、摂取する回数を減らす

カフェインのことは、日頃からよく質問を受けます。

ひと言でいえば、なるべく控えめにしたほうがいいでしょう。

カフェインには興奮作用があるため、とりすぎると、脳に負担がかかってしまいます。中毒性もある分、毎日何杯も飲んでいる人も少なくありません。

すでにコーヒーや紅茶を飲むことが毎日の習慣になっている場合は、急にやめようというのも、逆にストレスになってしまいます。

ですから、**1日3回以上カフェインをとっている人は、まず回数を減らすことからはじめましょう。**

とくにダイエットを望んでいるのなら、これまでに紹介してきた腸を整える食事をしながら、カフェインは1日1回までというルールを設けるといいでしょう。

もうひとつ気をつけたいのは、このとき砂糖はなるべく入れないようにすることです。

最近は、味が濃厚でおいしいデカフェも流通するようになってきました。

少しずつでも、デカフェやハーブティーなどに置き換えていくようにできると、カフェインの摂取量も自然と減ってきます。

一気にやめるより、減らしてほかの飲み物に置き換えるクセをつけていけるといいですね。

停滞期には、あえてなんでも食べていい日を設ける

せっかく食生活を気にしてダイエットに励むようになったのに、サイズも体重もまったく落ちなくなってしまってやめてしまった、という経験はありませんか？

食生活を変えると、毎月1・5kgずつくらい、徐々に減っていきます。

ところが、その後しばらくすると、1週間～10日くらい体重に変動がない停滞期が続きます。

たとえば、毎日5000キロカロリーとっていた人が1日3000キロカロ

リーに抑えると、体重は落ちていきます。

でも、毎日３０００キロカロリーの摂取を続けていると、だんだん体重が落ちなくなっていきます。

少ないエネルギーでも生命を維持させようと、身体機能が働くからです。

そんな停滞期では、１週間に１日だけでも好きなものを食べて、翌日の食事を夜の１食だけにします。

そしてまた以前と同じリズムに戻す。

こうすることで体重が落ちていくのです。

なんでも食べていい日を設けることを「チートデイ」といいます。

このチートデイを設けることを怖がる人が多いのですが、１日なんでも食べていい日をつくると、一瞬体重は増えるものの、次の日に量を減らすことで、刺激が加わって、体重が落ちていくようになります。
ずっと同じ量を食べ続けているよりも、よほど効果があるのです。
1週間、サイズや体重に変動がないなと思ったら、チートデイを設定してみましょう。

ときには気軽なプチ断食でデトックスする

太らない身体づくりへの近道が、少しずつわかってきたでしょうか。

とにかく「出す」。
しっかり余分なものを出したうえでいいものを「入れる」。
これが王道です。

ところが、サプリメントや流行の健康・美容食品などに手を出して、余計なものをどんどん身体にとりこんでしまう人が多いのも事実です。

残念ながら、これでは健康に痩せることはできません。

野菜を育てるときをイメージしてみてください。

肥料をまいても、日当たりがよくても、土が悪ければ、良質な野菜は育ちません。

わたしたちの身体も同じで、腸が汚れていると、どんなによいものを取り入れても健康にはなりにくいのです。

そのためには、定期的なファスティング（断食）などのデトックスが効果的です。

ファスティングと聞くと、しんどそうだと思って手をつけない人も多いのですが、数日間も取り組む必要はありません。

1日1食だけにしたり、1日だけ抜いてみたりするプチ断食もあります。

たとえば、朝だけ食べて、昼・夜は抜く。これを月2回実施するだけでもO

Kです。

それだけでも、身体に取り込んだ余計なものを排出しやすくなります。1.5〜2kg減る人もいます。できる範囲で試してみるといいですね。

一度やってみると、スッキリすることに気づくはずです。

どうしてもやる気が出ない…そんなときは？

ダイエットは長期戦です。

一生続けられる食生活や運動習慣を身につけていくようなもの。

10年かけて身につけた習慣を数カ月で変えようとすると、一度や二度は、身体が昔の状態に戻ろうとしてしまうこともあります。

そんなときはいったん仕切り直すことがベスト。身体の仕組みを理解して、対策を考えます。

リバウンドする人の特徴は、悪い生活習慣を継続してしまうというところです。

一度ストレスで食べてしまっても、もうダメだとあきらめないこと。また正しい食生活に戻せばいいのです。

おすすめなのは、食べ物を選ぶときに「これは腸にとっていいのかな？」と問いかけることです。

問いかけるだけで、余計なものを口に入れる回数がぐっと減ります。

そして、どんなときも自分を責めないこと。「がんばらないと！」と思わないようにしましょう。

どうしてもマイナスモードになってしまったときは「3日間はお休み！」と決めて、身体と心をリラックスモードにしてしまいましょう。

身体は、痩せることよりも、じつは、キープするほうが大変なのです。

あなたはそこに挑もうとしている勇者です。
成功させるには、極端な方法では続きません。長く続けられる無理のない習慣を持つことが大切です。

これは運動でも、気持ちの部分でも同じです。
行き詰まったらいったんやめてみる。
そして、落ち着いたら、またがんばればいいのです。

健康的に痩せ体質になる「ジャングル味噌汁」

「ジャングル味噌汁」は、わたしのもとで1万人以上がスリムになった、鉄板メニューです。

身体に必要な栄養素がギュッと詰まっています。

小分けにして密閉容器に入れ、冷蔵や冷凍してつくり置きにもできる味噌汁です。

食べる分だけあたためれば、一度にたくさんつくっておけて便利です。

かならず入れたい具材

・ゴボウ、レンコン、ニンジン、大根などの根菜類
・ほうれん草、小松菜などの葉物野菜
・ネギ
・豆腐
・こんにゃく
・豚肉（または鶏肉）

つくり方

1　根菜をメインに具材を食べやすい大きさに切る

2　だし汁のなかに、1の具材を入れ、具材に火が通ったら味噌をといて完成

保存方法

つくった味噌汁を1食分ずつ密閉容器に入れる。
冷えてから蓋をして、すぐに食べる分は冷蔵庫へ。そのほかは、冷凍庫で保存する。
食べるときは、鍋で加熱するか、電子レンジであたためればOK。

1日3食　吉江流「痩せる献立」

こちらで紹介する献立を毎日とっていると、どんどん痩せやすく、リバウンドしにくい体質になることができます。

1日を通して、大豆を中心とした植物性たんぱく質や野菜をしっかりとるのが基本です。

ダイエット中の朝食は、軽めに食べるのが◎。その分お昼には炭水化物をしっかりとりましょう。

寝る前に胃のなかに食べ物が残っていると脂肪になりやすいため、夕食は糖類を控えめに。イモ類は食物繊維も多めでおすすめ食材ですが、糖類も多いため、夜は避けましょう。昼と夜は、和食をイメージした献立がおすすめ。

和食は、健康食として世界的にも人気です。基本を押さえて、魚介類や野菜の種類、調理法を変えてアレンジしてみてください。

食生活を和食に切り替えるだけでも、ダイエットの効果が期待できます。

これを2週間続けてみてください。身体が軽くなるだけでなく、集中力もぐっと高まりますよ。

DAY1　1日目

【朝食】

・フルーツ
・サラダ
・玄米ごはん
・野菜中心の味噌汁

フルーツ、サラダ中心で軽めに。

日中の活動量によっては、フルーツ、サラダだけでもＯＫ。

日中よく動く人は、ご飯、味噌汁もとりましょう。

ご飯は、血糖値が上がりやすい**白米より、食物繊維、ミネラル豊富な玄米がおすすめです。**


【昼食】

- **白米または玄米**
- **味噌汁**
- **焼き魚**
- **お浸し**
- **冷ややっこ**
- **サラダ**

昼食は、炭水化物をしっかりとりましょう。

和定食や、蕎麦に副菜としてサラダをプラスしてもＯＫ。

冷ややっこを納豆にしても◎。**味噌汁は具だくさんにして、魚は鮭や青魚が**

おすすめ。

【夕食】

・鍋

おすすめの具材は、ゴボウ、ニンジン、大根、白菜、豆腐、こんにゃく、きのこ類、鶏肉（または豚肉や魚）など。

昼食でしっかり炭水化物をとったなら、夕食は炭水化物を抜いて、昼食と同じようなおかずだけにすると◎。

消化のいい、根菜多めの鍋や具だくさんのスープがおすすめ。

動物性タンパク質は、鶏肉や豚肉、白身魚がベスト。

DAY2　2日目

【朝食】
・フルーツ
・玄米ごはん
・サラダ
・野菜中心の味噌汁

【昼食】
・白米 or 玄米 or そば
・豆腐
・具だくさんの味噌汁
・煮物 or おひたし
・焼き魚
・納豆
・サラダ

昼食をしっかり食べられたら、夕食は炭水化物抜きでもOKです。

【夕食】
・魚介類中心のお鍋orスープ

DAY3　3日目

【朝食】
・ご飯　・味噌汁
・れんこんなどの根菜のきんぴら・ぬか漬け

【昼食】

・ご飯　　　　・味噌汁

たくさんの野菜を使った主菜（温野菜や野菜炒めなど。物足りない場合は、ここに豆腐や湯葉などを追加してもＯＫ）をとりましょう。

【夕食】

・野菜たっぷりのジャングル味噌汁（115ページ）

3章　痩せてキープする習慣・運動のコツ

適度な筋肉がつくと、身体はこんなに変わる

「運動がいい」といわれていますが、なぜそんなにいいのか、はっきりとわかっていない人も多いのではないでしょうか。

ハードな運動をする必要はないのですが、適度な筋肉をつけると、ただ痩せるだけでなく、身体が大きく変わってきます。

筋肉がつくと…

・基礎代謝が上がり、痩せやすい身体になる
・新陳代謝が上がり美肌になる、若返る
・消費エネルギー量が増え、体温UP、ホットな身体になる

・怪我をしにくくなる
・ぱっと動けるようになったり、反射神経がよくなる
・腰痛、肩こりなどが軽減される
・血流がよくなり、内臓も元気になる
・気力が出る
・瞬発力が上がり、ここぞのときに力を出せる
・姿勢がよくなる
・スタイルがよくなる（バストＵＰ、ヒップＵＰ、ウエストのくびれ）
・洋服を着こなせる理想の身体が手に入る

リバウンドしにくい身体にしたいなら、適度な筋肉をつけるのがおすすめです。

適度な運動は、脳にもいい

じつは、適度な運動は、脳にもよい影響を与えます。汗をかいて、体温が上がり、血流がよくなると、身体だけでなく、脳も活性化してくるからです。ストレッチの最中に、思わぬアイデアが浮かんできて、ノートに書き留める人や、今後の仕事についていろいろ思いをめぐらせる人たちも、たくさんいます。

運動後にただ疲れて眠くなってしまうという人は、楽しんで身体を動かしていないからです。もちろん体調によっては、疲れて眠くなるという日もありますが、楽しくノリノリで行っていると、脳からベータエンドルフィンやドーパミンという神経伝達物質が出ます。

ベータエンドルフィンは「脳内麻薬」と呼ばれるほど、強い高揚感を味わうことができ、ドーパミンは快楽神経系のスイッチを入れる役割があるそうです。

つまり、これらの物質が出てくると、脳が勝手に「快」を感じてしまうわけです。

この脳内物質には、個人差はありますが、**わたしのジムに来ているクライアントさんたちは、トレーニングの前後では、表情も言葉もガラッと変わります。**

2、3歳は若返り、美しくなった印象を受けるはずです。

そして、運動を続けるほど、パワフルに若返りが進んでいくのを感じます。

運動を、無理なく取り入れていける環境をつくりたいですね。

運動は「厳しく」より「楽しく」

健康的に痩せていくには食事8割：運動2割とお話ししてきました。

本章では、日常で無理なくできる習慣や誰にでもできる動きのコツを紹介します。

ダイエットするとき、とくに女性は運動に抵抗を示す人が多いのですが、「ハードでつらい」というイメージがあるからではないでしょうか。**ただでさえ運動に苦手意識があるなか、さらに運動を続けようとするのは至難の業**です。

じつは、多くのスポーツクラブでは、「動くことを楽しんでもらう」「気持ちいい汗をいっぱいかいてもらう」ということとは真逆のことが起こっています。

バイクトレーニングや、ヨガレッスンなど、各スポーツクラブでは、工夫されたさまざまなプログラムが用意されています。

もちろん身体を動かすことはいいことなのですが、これらは、運動ができる人がすると効果的なことばかり。オフィスワークをしている人や、車で通勤しているような人にとっては、バイクを漕ぐことやスポーツジムでの運動は、ただの苦痛でしかありません。

わたしは独立する前は、あるスポーツクラブに勤めていました。チーフディレクターというポジションでしたが、実際は何でも屋と同じです。お客様の指導、後輩たちの育成や管理、クレーム処理からジャグジーの温度管理まで、すべてを担当していました。

その当時から、積極的にプログラムに参加されるのは、一部の方だけということに疑問を持っていました。

わたしが働いていたのは、都内でも有数の高級スポーツクラブでした。入会金も高額なのに、なかなか運動しようとしない人たちが多く、いくら誘ってみても「今度ねー」と気のない返事ばかり。

プールに行って水中ウォーキングを少ししたら、すぐにジャグジーに移動。あとはマッサージして終わり、という会員さんがとても多かったのです。

いま思えば、「やらない」のではなく、「できなかった」「やりたくなかった」のでしょう。答えは簡単。お客様の目線で、プログラムを提供できていなかったからです。

トレーニングのプロであるわたしたちが、運動が決して得意でない人たちの居場所をなくしてしまっているのかもしれません。

わたしが大切にしているのは、身体を動かすことの楽しさを伝えることです。

クラブやディスコには、お金を払ってでも、音に合わせて動きにいきますよね。あの感覚でシンプルな運動もできたら、心理的なハードルはぐっと下がると思うのです。

ここからヒントを得て、30年前にシンプルな吉江和彦流トレーニングを開発しました。シンプルに手を振るだけなら誰でもできますし、楽しいからモチベーションややる気も続きます。音楽に合わせてしゃがんだら、自然にスクワットをしていきます（詳しくは後述します）。

中高年以上の、リズムに乗りにくい人たちほど運動が必要です。いろいろな動きはできなくても、手を振ることや軽くしゃがんだりすることはできますよね。

どんな人でもできるような無理のない形で運動を取り入れれば、楽しくて続けたくなりませんか？

だからこそ、運動は「厳しく」より「楽しく」なのです。

ロスのビーチで楽しげに運動していたマダムの話

わたしが、楽しく汗をかいてもらうというスタイルを確立した出来事があります。

それは、アメリカ西海岸、ロサンゼルスのビーチでのこと。

青い空、白い雲、ジリジリと照りつける太陽——。

そこへ、コルベットのオープンカーで颯爽と登場したカップルがいました。運転していたのは、俳優かモデルかというほどの、見事なナイスガイ。そんな彼の隣にいたのは、年配の優雅なマダムです。

二人はとても仲がよさそうだったので、一見すると年の離れたカップルかと思ったくらいでした。

でも、車から降り立った二人は、トレーニングウェア姿だったのです。そして、砂浜に降り立った彼がおもむろにカセットデッキのスイッチを入れると、大音量でノリのいいロックミュージックが響き渡りました。そのうえ、二人が始めたのは、ボクシングのスパークリングです。

わたしが知っているトレーニングとは、なにもかもがかけ離れていたため、あまりの展開に、しばし呆然としてしまいました。

彼女の動きはボクシングとはいえないものでしたが、そのご婦人の楽しそうな表情に、わたしはすっかり魅了されてしまいました。

自分が思うままに思いっきり身体を動かす。そしてすべてを受け止め、さらにモチベーションを上げる言葉を投げかけて、彼女を励ますトレーナー。彼女が動き、もっと褒める。さらに動く…。「楽しくてたまらない！」というマダムの気持ちが、わたしにも伝わってきた瞬間でした。

そのとき、「わたしがやりたかったのは、これだ！」と確信したのです。

型も、理論や理屈も何もいらない。ある程度自分の変化に気づくようになってから伝えるべきことなのかもしれない。

「動くことを楽しんでもらう」

「気持ちいい汗をいっぱいかいてもらう」。

優先するのはこの2つだけ。

そのためならなんでもしようと、わたしは決心したのでした。

筋肉を動かすと、むくみも病のリスクも撃退できる

「筋肉は新鮮な血液を送るポンプ役である」とよくいわれますが、筋肉がポンプのように収縮することで、血液を全身に送り出しているのです。

たとえば、1日の終わりに、脚がむくんでパンパンになるという女性は多いでしょう。じつは、それは筋肉の担っているポンプの役割が弱っている証拠です。

ポンプ機能が弱まると、身体にバネがなくなり、血管が細くなります。血管が細くなれば、血流も悪くなり、血液に含まれる老廃物が運びきれずに下にたまってしまいます。それが脚のむくみです。

コレステロールや脂肪といわれている、血管の内壁に付着していく白っぽくて少し粘りけがある老廃物を「プラーク」といいます。プラークがたまると血管が詰まり、いろいろな病気を引き起こしてしまう可能性も…。

もし、脳の血管が詰まれば、脳梗塞に、心臓の血管が詰まれば、心筋梗塞になってしまいます。身体を動かさないリスクはたくさんあります。

でも、適度な動きを取り入れることで、そのリスクから回避できるのです。ポンプとしての役割がきちんと果たされれば、プラークをため込まずにすみます。**筋肉を鍛えることで、血管が太く、丈夫になり、酵素や栄養素を身体の隅々まで運ぶことができる**のです。老廃物もしっかり排出できるようになります。

元気をキープし、若々しくいられるのは、体内のポンプのおかげです。

適度に筋肉を動かして、身体の内側から美しくなりましょう。

運動はやりたいとき、できるときにすればいい

「運動のベストタイミングは朝ですか？　夜ですか？」

よく質問されるのですが、わたしは「やりたいときに行うのが一番」と答えています。

なぜなら、**運動も食生活も、「いつやるのか」より「続けられるかどうか」のほうが大切**だからです。続けることで、はじめて効果が生まれます。

長続きしないような極端なことや無理のあることは、そもそもしないほうがいい。シンプルだと思いませんか？

多くのトレーニング法は、ある程度の時間の制約があり、たとえば、「朝起

きたら…」「夜寝る前に…」という時間を限定しているものが多いのです。

でも、そういう制約をつくってしまうと、多忙を極める人ならとくに、「今日は◯◯があるからできない…」「昨夜遅かったし、朝少しでも寝ていたいから、今日はお休みにしよう」など、「できない理由」を探しては、お休みしてしまうことになります。

あなた自身の生活リズムで考えましょう。

たとえば、早起きが得意な人なら、朝の時間を使って運動をしたほうが長続きします。そうすると効果も出てきて楽しくなる。よいスパイラルが生まれますね。

逆に朝が苦手な人に「朝運動しなさい」といってもつらくなるだけ。だったら夜にすればいいのです。

運動は苦手だから、通勤時間の間でできる動きをしたいという人もいれば、何かをしながら行える「ながら運動」なら続けられるという人もいるでしょう。自分ひとりではできないから、ほかの人を巻き込んで一緒に運動するというのもいいですよね。

職場や休憩スペースなどでも、もちろんＯＫです。

立ち仕事の多い日、たとえば、駅のホームでできるプログラムをさりげなく行ってもいいですね。

わたし自身もよく行いますが、意外に目立たずにできるものです。

どんな方法なら取り組みやすいのか、続けられるのか。無理なくできる形を考えてみてください。

また、その日の自分の疲れ具合や体調に合わせて、トレーニング時間を決めてしまうのもいいですね。たとえば、デスクワークで座りっぱなしや、中腰の姿勢でいることが多かった日は、ゆっくりお風呂に入って、ベッドの中でできる、骨盤ストレッチを行い、そのままゆったりと眠ってしまってもいいのです。

運動だけでなく、食事も同じです。

1日3食食べてきた人は、まずペースは変えずに食事の内容から変えていく。そして徐々に1日2食にも試してみるという流れです。そうすればリバウンドもしにくいですし、習慣化もしやすくなるのです。

運動も食事も、自分のリズムで無理なく続けること。
これがうまくいくためのグランドルールです。

身体を冷やす汗と、脂肪を燃やす汗

汗にも種類があることをご存じでしょうか。

じつは、ダイエットでは、どんなふうに汗をかくのかがとても大切です。

汗には、皮脂腺からのものと汗腺からのものの2種類があります。

皮脂腺からかく汗は、出るときに、脂肪が一緒に排出されます。これは身体の深部体温が高くならないと出てきません。

一方、汗腺から出る汗は、脂肪を燃焼しません。なぜなら、身体を冷やすために出る汗だからです。サウナや炎天下で出てくる汗がこれにあたります。

やみくもに汗をかくのも考えものです。なぜなら、心臓に負担をかけてしまうこともあるからです。ちなみに、女性に人気のホットヨガやサウナでは、身体を冷やす汗が出ています。

それに対して、踏み台昇降運動や階段ののぼり降り、ウォーキング、そして**温泉は、脂肪を排出してくれる汗をかくことができるので、おすすめです。**

汗腺から出る汗（身体を冷やす）

サウナ

一般的なサウナは湿度がなく、ただ室内を暑くしているだけです。そこでは身体を冷やそうとする汗が出るので、身体の深部の体温は上がりません。

岩盤浴

岩盤浴は施設によって質が異なります。湿度と温度、外気温のバランスが取れていることを確認しましょう。

ホットヨガ

ホットヨガも、湿度管理がされている施設で行いましょう。

岩盤浴、ホットヨガは、匂いや菌が充満しやすい環境に置かれています。除菌や清掃などのメンテナンスが行き届いているか、湿度管理・換気がされているかどうかは確認したうえで選びましょう。

皮脂腺から出る汗（脂肪を燃やす）

有酸素運動

踏み台昇降運動や、階段ののぼり降り、ウォーキングなどがおすすめです。

ランニングも有酸素運動ですが、心臓に負担がかかる場合があるので、すべて

の人におすすめできるものではありません。

とくに、肥満気味の場合は、涼しい時間帯での軽めのウォーキングからはじめましょう。

温泉

遠赤外線効果があるため、身体の深部体温を上げる効果があります。ぬるま湯なのに汗がとまらなくなることがあるのは、このためです。

どんな運動をするときも、水分補給は忘れずに行いましょう。

運動時には、ミネラルも必要です。できれば、ミネラルが豊富に含まれる岩塩など良質な塩を用意して、一緒に水を飲むことをおすすめします。

入浴時は熱すぎない温度で、ゆったりと汗をかく

質のいい入浴をすると、リバウンドしにくく痩せやすい身体をつくることができます。

入浴する時間は、ライフスタイルによって、さまざまではないでしょうか。

わたしが提唱しているのは、お風呂に入っている時間も、人それぞれ、自分のライフスタイルに合わせた時間配分でもちろんＯＫというスタイルです。

まず、**入る時間帯も、温度も入浴する長さも、自分で「気持ちいい」と感じる程度が、一番いいですね。**

たとえば、「今日はのんびり入ろう」「今日はゆっくり入るぞ！」と最初から

決めて入る場合は、常温のお水を持ち込み、こまめに水分補給をすることをおすすめします。

わたしが気に入っているのは、還元水素水です。

還元水素水は、水道水を水素のフィルタを通してつくるのですが、水の分子（クラスタ）が小さいのか、すーっと身体に吸収されるような感じで、とても気持ちがいいのです。

そして、**もうひとつのおすすめは、生姜紅茶**です。

「あたたかい生姜紅茶をお風呂の中で飲む」。ぜひ一度だまされたと思って試してみてください。37度ほどのお湯につかっていても、生姜の成分のおかげで汗がばーっと出てきます。もともと汗がかきにくい人、半身浴をやってもあまり汗をかかないという人には、とくにおすすめしています。

男性も、できるだけ湯船につかる

常日頃から「あたためる」ことを意識しているのは、女性が多いものです。

一方、男性は「あたためる」ことに無頓着なため、問題です。

そもそも、男性には「身体をあたためる」という意識がほとんどありません。

しかも、長風呂が苦手で、半身浴などしたことがないという人がほとんどでしょう。

そんな男性たちに、身体にいいからといって、半身浴でゆっくりすることを進めても、聞いてくれるとは思えません。

だからといって、嫌がっていることを無理にするのも逆効果です。

ですから、湯船にゆっくりつかるのが苦手な場合には、半身浴ではなく、熱めのお湯にざぶんと入るといいでしょう。

身体をあたためるには、シャワーだけで済ませるのではなく、ほんの短い時間、5分程度でも、湯船につかることをおすすめします。

でも、湯船に入ることが、気持ちがいいと感じられるようになれば、ある程度長く入るようになるはずです。

痩せにくく、リバウンドしにくい身体にしたいなら、夏場は週1~2日、冬場は週3日、1回につきたった5分でも、湯船につかる習慣をつけましょう。

運動は、毎日無理なく続ける

わたしが提唱するメソッドはそもそも、プログラムが多くありません。
とてもシンプルで簡単な動きばかりですが、筋力はしっかりアップします。
不思議に思う人も多いのですが、答えはシンプルです。

「毎日無理なく続けられる」ことに、重点を置いているためです。

たとえば、複雑なプログラムを組んでしまうと、ジムに通う週1回だけしかしなかったり、そもそも通うことさえ億劫になってしまうかもしれません。

やることを増やしてしまうと、とくに忙しい人は、「今日はもういいや」「1日くらいまあいいか」と、後回しにしてしまいます。

そうやって一度後回しにしてお休みしてしまうと、休みグセがついてしまい、お休みが続いてしまうという人を、たくさん見てきました。

せっかくはじめたことが長続きしないと、一番嫌な気持ちになるのは、本人です。大きな失敗体験として、記憶に残ってしまいます。

そんな思いをさせないためにも、わたしのメソッドは、あえてシンプルで、いつでもどこでもできるようなものに絞っています。

このあと具体的に解説していきますが、ぜひ難しいことをしようとせず、無理のない形で、毎日できることを取り入れていきましょう。

身体を変えたいなら下半身から

さまざまなダイエット法、数多くのトレーニングプログラムがあります。通われているジムによって、あるいは、トレーナーさんによって違いがあるかもしれません。どのトレーニングも、すべて「どこに効くか」を考えてつくられているため、それぞれに効果があり、組み合わせて行えば、理想のボディラインに近づけるはずです。

ただ、そもそも身体を動かすことが苦手で運動嫌いの人が、いきなり「上腕二頭筋を鍛えます」といっても、イメージがわきませんし、効果も感じられないはずです。

トレーニングにはスクワットが効果的ではありますが、通常のスクワットでは、下半身の筋力がない人には難易度が高く、上半身の重さを支えきれません。そこで、わたしが着目したのが下半身です。身体全体の筋肉の約70％以上が下半身に集まっています。**下半身に筋力をつけることで、代謝が上がり、痩せやすくリバウンドしにくい身体になります。**

ですから、しっかりサイズダウンするために、わたしは下半身にある一番大きな筋肉を、最初に重点的に鍛えるという方法を取っています。

日頃から、デスクワークや電車、車や飛行機、新幹線など、乗り物による長距離移動など、日々座っている時間が長く、足腰が弱っている人も多くなっています。

このあと紹介する吉江流のメソッドで、なまりがちな下半身を活性化させましょう。

若返りホルモンが一番出るのは、階段ののぼり降り！

健康には骨が重要です。

なんとなくわかっている人は多いようですが、その理由を知っている人は少ないのではないでしょうか。

じつは、骨はわたしたちが思っている以上に、重要な役割の持ち主なのです。


骨は、ただの物質のかたまりではありません。

オステオカルシンという物質を分泌します。

オステオカルシンとは、若返りや記憶力アップ、生活習慣病の予防をうながすとされるホルモン物質のこと。このホルモン物質は、なんとサプリメントのような働きをしてくれ、骨（骨芽細胞）に刺激を与えることではじめて分泌されます。

「骨に刺激を与える」と言うと、「じゃあスポーツをしたらいいんでしょ？」と受け取る人が多いのですが、なんでもいいわけではないのです。

効果的な方法はなんだと思いますか？

じつはとても簡単なものばかりです。

階段ののぼり降り、足踏み、ジャンプ、ジョギングやウォーキングなど…。なかでもわたしがもっともおすすめしているのは、階段ののぼり降りや踏み台昇降運動です。

「えっ?! そんなことなの!?」と思うかもしれませんが、侮れません。

階段ののぼり降りの動きは、骨をしっかり刺激してくれるからです。

ジョギングやウォーキングもいいのですが、体型や骨格、フォームのクセが影響して、人によって効果にかなり差が出てしまうのです。でも、階段ののぼり降りなら、個人差が激しく出ることはまずありません。

階段ののぼり降りだけで、生活習慣病予防や若返りにつながると聞けば、やる気もわきませんか？

ぜひ毎日の習慣に取り入れてみてください。

第二の心臓を効果的に動かす「踏み台昇降運動」

多忙を極めていることで有名なKさん（40代女性）は、ジャングルジムメソッドを取り入れ、2カ月で7kgの減量に成功しました。

そのメニューのひとつに、踏み台昇降運動があります。

とてもシンプルですが、効き目の大きい動きです。

ふくらはぎは「第二の心臓」といわれ、下半身にたまった血液を心臓に戻すポンプのような働きをしています。そのため、定期的に動かす必要があるのです。

でも、あまり運動をしない人、そのうえ食生活も乱れているという人は、ポンプの役割が機能していない分、血液がドロドロになってしまいます。

そうなると、身体はどう反応するのか。

身体は、血液の流れをよくしようとして、血圧を上げていくのです。

お医者さんが「血圧が高い人は運動しましょう」とアドバイスするのは、そのためです。

運動不足や高血圧の人の場合、ウォーキングをすすめられることが多いですが、わたしは踏み台昇降運動をおすすめしています。この動きなら、唯一どんな体型の人でも、どんな骨格の人でも、ふくらはぎにアプローチできるからです。

ぜひ1日20~30回から、試してみましょう。驚くほど、効果が出ますよ。

「音楽」を取り入れることで、運動がもっと楽しくなる

わたしたちのクライアント様には、仕事で多忙であったり、「身体を動かすのが苦手、自分には運動はムリ」そう心のどこかで諦めている人ばかりでした。

運動ができる人は、指示を出せば指示通りに身体を動かすことができます。

運動に対しての理解もあるため、こちらが思う通りのリアクションが返ってきます。

一方、運動を諦めてしまった人たちには、こちらが、普通のスポーツジムのインストラクターのようなアプローチをしても、いい反応は返ってきません。

そこでわたしが考えたのが、トレーニングに「音楽」を取り入れることです。

ロックミュージックを大音量でかけ、ステップ台ののぼり降りをする踏み台昇降運動をしてもらいます。

「はい、もっと手を振って！」「もっと速く！」「できるじゃないですか‼」

ほんの数センチの台を、のぼったり降りたりするだけの簡単な運動です。

それでも、10数回こなすだけで、普段汗をかかない人から大量の汗が噴き出します。毎日空調が効いている部屋で過ごすことの多い人は、汗をかきにくい身体になっています。でも、この踏み台昇降運動をすることで、どんな人でも汗をかくことができます。

そして、運動が終わったあと、皆さん共通して、「スッキリした！」「気持ちよかった！」と言います。**音楽に合わせて、楽しく大量の汗をかく運動ができると、いつの間にか「運動って楽しい！」に変わっていきます。**

身体を動かすことに抵抗がある人は、ぜひ、音楽を日常的にかけてトライしてみてはいかがでしょう。

「ジャングルスクワット」でスッキリ下半身をつくる

これまで、「痩せる身体をつくるには、食生活8割、トレーニング2割」と解説してきました。そのトレーニングは、下半身を中心に行うほうが、代謝が上がって余分なものも落ちていきます。動きとしてもっともおすすめなのは、スクワットです。

ただし、地面のほうまでどっしりしゃがむハードなスクワットをする必要はありません。

わたしが開発した「ジャングルスクワット」は、主に、ももの裏側や内側、お尻の下など、普段使わない筋肉を稼働させるためのものです。もも裏や内側、お尻の下、二の腕などを「セルライトライン」と呼んでいるのですが、放っておくと、このあたりにはどんどん脂肪がついていってしまいます。

これらの部位をジャングルスクワットで動かすことで、結果的にすっきり引き締まった、美しい脚になっていきます。

これからご説明しますが、ジャングルスクワットのポイントは、ひざを内側に入れて行う点です。

一般的なスクワットでは、太ももの外側に筋肉がついてしまうので、脚が太く見えてしまいます。競輪選手ならいいのですが、とくに女性は、ももが太くなるのを気にしてしまいますよね。

ジャングルスクワットは、やり方もとてもシンプルです。お尻を少し突き出すくらいで十分です。ひざを深く曲げる必要はありません。「これくらいでも

いいんだ！」と感じられることも大切なのです。
こうした簡単な運動を取り入れながら、ゆっくり減量していきます。

ちなみに産後の骨盤について気にされる女性も多いのですが、厳密にいうと骨盤が開くということはありません。骨盤まわりの筋肉がゆるんでしまっているのが原因です。そんな悩みもこのスクワットで解決できるので、ぜひ産後のママも試してみてください。

このスクワットは、ほとんどの人におすすめできるトレーニングですが、このような無酸素運動は、尿酸値の高い人にはおすすめできません。尿酸値が高い人が無酸素運動を行うと、体内からプリン体が出て、糖尿病になるリスクがあります。
当てはまる場合は、適度な有酸素運動を取り入れるようにしてください。

吉江流の基本スクワットとは、一般的なスクワットと違い、

・両足を大きく開くこと

・つま先を外側に向けること

の2点が大きな特徴です。

たいてい、スクワットでは、両脚を肩幅程度に開きますが、吉江流の基本スクワットは、両脚を大きく広げて立ちます。目安は肩幅の2倍。その際、つま先は必ず外側に向けること。正面や内側を向かないよう気をつけましょう。

「両足を大きく開くこと」「つま先を外側に向けること」の2点を確実に守ると、理想とする美しい体型に近づきます。

一方、この2点を意識せずに行っていると、効果がないだけでなく、膝や腰を痛めかねません。

まずは、鏡などを使って、正しい姿勢を確認してみてくださいね。

基本姿勢（立ち方）

顔は前を向いて、
胸をしっかり張る
手は前でクロスさせ、
鎖骨のあたりに
膝とつま先は
外側に向けて
肩幅の２倍を目安に
両脚を広げる

注意点

・背筋をまっすぐ伸ばす

・猫背になったり、顔が下を向いたりしない

・お尻も前に出たり、後ろに出たりしないようにまっすぐ

・脚は横一直線を意識する

・膝やつま先が内側を向いていてはダメ

　→膝に負担がかかり、痛める原因に…

　X脚の人は膝が内側に入りやすいため、要注意

POINT

「ダイエットの天敵セルライトにアプローチ！」

つま先を外側に向けることで、
セルライトにアプローチできる。
一般的なスクワットでは、つま先をまっすぐ正面に
向けるものの、吉江流基本のスクワットでは、
外側に向けるのがポイント。
セルライトがつきやすい内ももや、お尻の下にも効果的。

ジャングルスクワット

1 基本姿勢で
立つ

3 ゆっくりと立ち上がって、
基本姿勢に戻る

2 お尻を突き出して、ゆっくり腰を落とす

お尻を後ろに向
かって軽く突き
出すように
息は止めずに吐き
ながら、ゆっくり
腰を落とす

×身体が前に倒れる、顔が下を向く
　→運動の効果が半減
×お尻が突き出ていない、垂直に落ちている
　→運動効果が低くなる
　→腰を痛める原因にもなる
※無理に腰をそらすと、腰を痛めやすいため、
　お尻はあくまで自然に突き出すこと

通勤時間で美脚をつくる

より美脚を手に入れたい人におすすめの、カンタンエクササイズを紹介します。

ふくらはぎを上げ下ろしして、脚全体を引き締めます。

ポイントは、かかとを常に浮かせた状態にすることです。

呼吸はとくに意識せず、自然呼吸をしましょう。

電車やバスのつり革につかまりながら、10回2セット。慣れてきたら、20回2セットほど度行えば十分です。

自宅で行う場合は、壁に手をついて行うのがおすすめです。

美脚エクササイズ

1 **つり革につかまり、かかとを少しだけあげる**

（胸のあたりの高さで壁に手をついてもＯＫ）

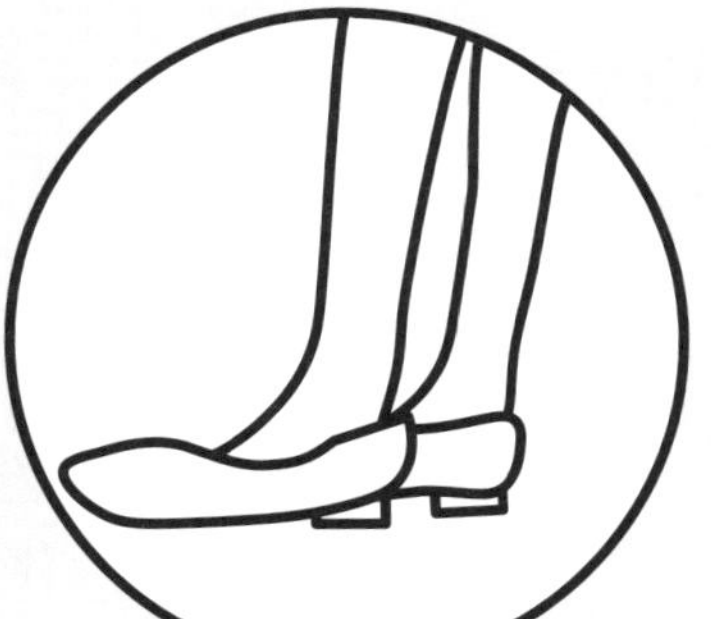

・両足は肩幅よりやや広く開く
・かかとを床から少し浮かせた状態からはじめる
※かかとはあげすぎない。ほんの少し浮かせる状態にしておく

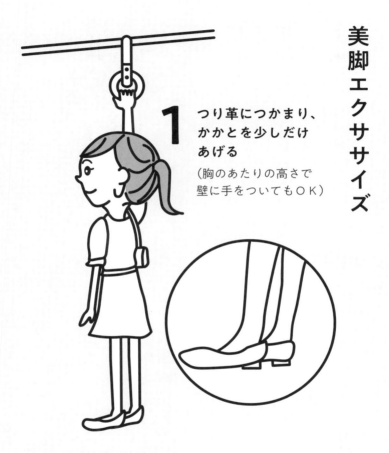

2 ふくらはぎを高くあげる

・「1、2」とカウントに合わせて、ふくらはぎを高く上げる
※お尻に力を入れるように意識をすると効果◯

3 ふくらはぎを下げて、1の姿勢に戻る

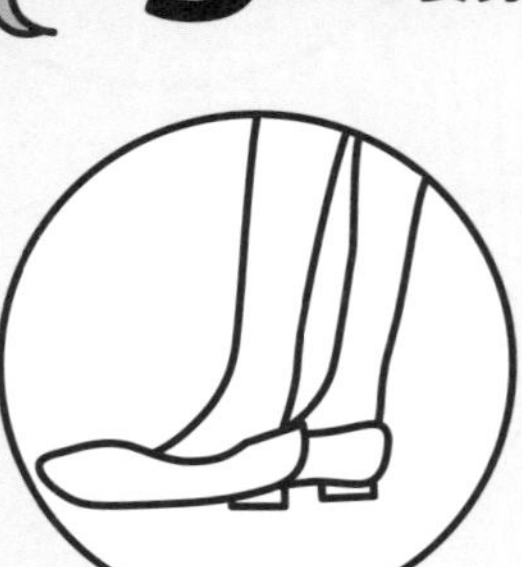

・「3、4」とカウントをして、ふくらはぎを下げ1の姿勢に戻る
※かかとは床につけない。浮かせた状態をキープさせる

中高年も楽々できる！「ジャングルウォーキング」

「スクワットは疲れてしまうしハードだな…」

という人でもできる、簡単な動きがあります。

その名も**「ジャングルウォーキング」**です。

動作は手を振って上下に動くだけ。これだけでも、十分な運動になります。

「通常のスクワットをすると、ひざや腰が痛くなってしまう」という中高年以上の人でも無理なくできる運動なので、とてもおすすめです。

これを**1日20回するだけでも、十分な運動になります。時間にすればたった数分です。**ここに2章でお伝えした正しい食生活を取り入れれば、効果テキメンです。

運動は、とにかく苦手意識がある人も多いので、少しずつできる範囲ではじめるのがポイント。ジャングルウォーキングは、年齢を問わずにできる、とても楽ちんな動きです。

実際に、これまでのべ1000人以上の人たちが、ジャングルウォーキングと食生活で5kg以上のダイエットを成功させています。

ジャングルウォーキング

1 膝を広げて立つ

・両脚を肩幅よりやや広めに開いて立つ
・膝とつま先は外側に向ける
・手は軽く握る
・肘を曲げて腰のあたりに

2 腕を前後に振りながらしゃがみ込む

・その場に立った状態で、両腕を前後に大きく振り続ける
・ウォーキングのように「1、2、3、4」のリズムに合わせて「3」で軽く腰を落とす
※スクワットのように深くしゃがみ込まない

3 腕を振りながら立ち上がる

・「４」のときに、両腕を振りながら立ち上がる
・１セット（１～３）を20回行う
※キツイと感じるときは、回数を減らしてＯＫ

テンポよく、スピーディに！
「１」＝右腕を大きく前に、左腕は大きく後ろに引く
「２」＝左腕は大きく前、右腕を後ろに引く
「３」＝両腕を振りながら、腰を軽く落とす
「４」＝両腕を振りながら立ち上がる
※左右が逆になってもＯＫ

「マッサージ」より「ストレッチ」！

あなたはマッサージとストレッチの違いを知っていますか？

じつは、マッサージとストレッチは180度違うものです。

マッサージとは、筋肉の上から圧をかけて、刺激を与え、一時的に血行をよくする行為。圧をかけると筋肉は固くなります。つまり、マッサージを続ければ続けるほど、どんどん強い刺激でなければ満足できなくなってしまうのです。

一方、ストレッチは、筋肉を伸ばしていく運動です。

筋肉を伸ばすことで、次第に筋肉はやわらかくなっていき、サイズも落ちやすくなりますし、代謝も上がります。決して難しくありません。

すき間時間に太ももを伸ばすストレッチを行いましょう。

太ももの前側を伸ばすストレッチ

1 太ももの前側を伸ばす

・壁に手をついて立つ

・ついた手と反対側の膝を曲げ、足先を手で持つ
・その状態を20秒保つ

2 左右の脚を替えて、同様に行う

・反対側も同じように伸ばし20秒間キープ
※足先を持ち、筋肉の伸びを意識しながら行う

2カ月に5kg落としたい場合のスケジュール

2カ月間で無理なく5kg落としたい場合、
わたしがおすすめしているのは、こんな過ごし方です。

ダイエット周期（イメージ）

・開始～2週間　食生活は改善するが体重は落ちにくい
・2週間～　マイナス1・5kgくらいの減量が始まる
・7～10日間　停滞期・体重が変わらなくなる
→チートデイで1日好きなものを食べる　体重が増える
・翌日を夜1食にする　翌日から体重が減る
（以下1週間に1回くらいのペースで、チートデイを繰り返す）

これを繰り返していきます。

スタイルがよく見えるためのコツ

あなたは、太っていることや、痩せて貧相なことで、自分の着たいと思っている服を諦めていませんか？

もし、諦めている服があるのなら、どの部分を鍛えれば、着こなせるのかがわかります。

ただやみくもにダイエットをするよりも、理想のボディラインを手に入れるための動きをすることが大切です。そうすることで、着たい洋服を美しく、かっこよく着られるようになります。

ここでは、服装ごとにどんなところに気をつけたらいいのか、解説します。

男性／スーツ

男性はスーツを着ると数段格好良く見えるもの。

スーツがバリッとキマっている人を見て、「この人仕事ができそう！」と思った経験はありませんか？

スーツがキマるには、こんなところを意識しましょう。


【鍛えるとよい部位】

・胸
・お尻

※少しぐらいおなかが出ていてもＯＫ
※スーツは胸板を厚くして胸で着ることがポイント

男性／Tシャツ

普段着でも、ちょっとしたフォーマルの場でも、Tシャツは年齢に関係なく格好よく着こなしたいアイテムですよね。身体にフィットさせて着るTシャツの場合は、意外と着こなしが難しいと感じるかもしれません。

【鍛えるとよい部位】

・肩（とくに横の部分）

・二の腕の裏側

※肩幅があれば、多少おなかが出ていても大丈夫

※胸板の筋肉をつけすぎると、ずんぐりむっくりに見える可能性があるため要注意

男性・女性／ジーンズ

ジーンズは男女ともに、年齢を超えて誰でも着こなせるアイテムです。

【鍛えるとよい部位】

（男性）

・下腹部

・お尻

（女性）

・脚の裏側（お尻の下、太もも）

・お尻

・下腹部

・（O脚の場合）脚の内側
・（X脚の場合）脚の外側
※男女関係なく、ヒップがあるとメリハリがついて見える

女性／スーツ

スーツを格好よく着こなしている女性は素敵ですよね。
まずは、背筋を伸ばし、姿勢をよくすることが大切です。

【鍛えるとよい部位】

・ふくらはぎ
※ふくらはぎに筋肉がつくと、足首が締まってくる
※背中が丸まり、足元がだらしないとスーツが浮いて見えてしまう

女性／スカート

ビジネスでもプライベートでも、スカートを履く機会は多いもの。キレイに着こなしたいですよね。

一番には、ふくらはぎの筋肉を鍛えることです。

【鍛えるとよい部位】

・アキレス腱を含めたふくらはぎ

※歩くとき、かかとから地面に着地し、ふくらはぎを意識する

※階段ののぼり降りがおすすめ

※太っている人ほど、短めのスカートでボディラインを出したほうがキレイに見える

女性／パンツ

パンツをキレイに履きこなしている人は、かっこいいですよね。

美脚パンツのブームにより、きれいなラインに見えるパンツがたくさんあります。

パンツをキレイに着こなすためには、パンツスーツの場合は、スーツのスカートのとき同様、背筋を鍛えて姿勢をよくすること。お尻を上げることが大切です。

［鍛えるとよい部位］

・背筋

・お尻

服は身体のラインで着るものです。

中途半端に痩せる努力をするよりも、こうしてポイントを意識して鍛えるといいのです。

おわりに　身体の変化が人生を変える

人は心と身体を切り離せません。

でも、多くの人が、頭だけ、心だけを切り離し、物事をバラバラに考えています。

とくに、仕事で頭を使うことをしている人は、肉体の衰えを顧みない人たちが多く、心身のバランスを崩して結果的に、身体を壊してしまいがちです。

ダイエットが続かない人、過度なダイエットのしすぎで体調を崩してしまう人、リバウンドしてしまう人、仕事ばかりに追われて、ダイエット以前に病気になってしまった人…。

そんな人たちの姿を、わたしは本当に数多く見てきました。

人の心と身体は密接に関係しているということをつくづく実感しています。

ダイエットが苦手な人にこそ、わたしは身体を変えていただきたいと思っています。

コンプレックスや、余計なものを抱え込んでいると、身体も心も重くなります。

仕事での成功や、人生をもっと幸せに生きたいと思っている人にも、身体を変えることをおすすめしています。

最初のきっかけが、

「痩せたいから」

「この服をキレイに着こなしたいから」
というものでも、半信半疑のままでもいいのです。
とにかく、本書で紹介したことを、だまされたと思ってぜひ取り組んでみてください。

まわりから
「痩せた？」
と声をかけてもらえたら、あなたはすでに新しいあなたになったも同然です。

身体の変化は、心を大きく変えます。
そして、心が変われば、身体の変化以上に、あなたの人生を変えます。

でも、これはあなたが太らない習慣を始めようと決断しなければ、決して手に入れることができない、成功への鍵なのです。
ぜひ、一緒に取り組み続けましょう！

吉江一彦

ジャングルジム代表

吉江 一彦（よしえ・かずひこ）

パーソナルトレーナー。１９６７年生まれ、東京都出身。幼少の頃よりアイスホッケーをはじめ、高校代表として国体に出場。引退後、大手スポーツジムのトレーナーとして勤務した後、「ひとりひとりに合わせたオーダーメイドの身体づくりをお手伝いしたい」と独立。芸能人やセレブを相手に、パーソナルトレーナーとして活躍後、２０１２年に「ジャングルジム」をオープン。これまでのべ10万人の美と健康をサポートしている。

クライアントからの信頼は厚く、経営者、著名人から一般のＯＬまで幅広い層が支持。忙しくても鍛える時間のないアラフォー女性でも、無理なく痩せられるメソッドを日々提供している。

各種メディア出演も多く、日本テレビ「マツコ会議」では１０６kgだったテレビ局の女性スタッフの体重を11カ月で半分にし、大きな反響を呼ぶ。このほか、ＴＢＳテレビ「桜井有吉のアブナイ夜会」や情報番組など、数々のＴＶ・雑誌にて紹介。

著書に『１日10回で驚くほどやせる！ ジャングルジム スピードダイエット ＤＶＤ ＢＯＯＫ』（宝島社）、『くびれる１日10回スクワット』（世界文化社）などがある。

ジャングルジム

JUNGLE GYM

東京都港区南麻布3丁目5―20

大きな一軒家を改装してつくられ、樹齢350年以上の木材や、クラシカルなデザインのオブジェが並ぶ、都会の隠れ家のような佇まいのパーソナルジム。

数多くのセレブや著名人、経営者たちも通うことで知られている。

Special Thanks to:

企画協力　岩谷洋昌（H&S株式会社）
編集協力　星野友絵（silas consulting）
イラスト　遠藤庸子・hashigo（silas consulting）

やせて一生キープする
太らないコツ

二〇一九年（令和元年）九月八日　初版第一刷発行

著　者　吉江　一彦
発行者　伊藤　滋
発行所　株式会社自由国民社
東京都豊島区高田三―一〇―一一　〒一七一―〇〇三三
電話〇三―六二三三―〇七八一（代表）

造　本　JK
印刷所　新灯印刷株式会社
製本所　新風製本株式会社